스무 살 무일푼에서 100억 슈퍼개미가 된

이주영의 내공 주식투자

2 철학편

스무 살 무일푼에서 100억 슈퍼개미가 된 이주영의
내공 주식투자 2 철학편

초판 1쇄 발행 2011년 9월 28일
초판 3쇄 발행 2021년 8월 13일

지은이 이주영
펴낸이 김선식

경영총괄 김은영
콘텐츠사업1팀장 임보윤 **콘텐츠사업1팀** 윤유정, 한다혜, 성기병, 문주연
마케팅본부장 이주화 **마케팅2팀** 권장규, 이고은, 김지우
미디어홍보본부장 정명찬
홍보팀 안지혜, 김재선, 이소영, 김은지, 박재연, 오수미, 이예주
뉴미디어팀 김선욱, 허지호, 염아라, 김혜원, 이수인, 임유나, 배한진, 석찬미
저작권팀 한승빈, 김재원
경영관리본부 허대우, 하미선, 박상민, 권송이, 김민아, 윤이경, 이소희, 이우철, 김재경, 최완규, 이지우, 김혜진
외부스태프 편집 진행 공순례

펴낸곳 다산북스 **출판등록** 2005년 12월 23일 제313-2005-00277호
주소 경기도 파주시 회동길 490
전화 02-702-1724 **팩스** 02-703-2219 **이메일** dasanbooks@dasanbooks.com
홈페이지 www.dasan.group **블로그** blog.naver.com/dasan_books
필름 출력 스크린그래픽센타 **종이** 월드페이퍼(주) **인쇄·제본** (주)현문

ISBN 978-89-6370-653-5 14320
978-89-6370-651-1 14320 (세트)

• 책값은 표지 뒤쪽에 있습니다.
• 파본은 구입하신 서점에서 교환해 드립니다.
• 이 책은 저작권법에 의하여 보호를 받는 저작물이므로 무단 전재와 복제를 금합니다.

> 다산북스(DASANBOOKS)는 독자 여러분의 책에 관한 아이디어와 원고 투고를 기쁜 마음으로 기다리고 있습니다. 책 출간을 원하는 아이디어가 있으신 분은 다산북스 홈페이지 '투고원고'란으로 간단한 개요와 취지, 연락처 등을 보내주세요. 머뭇거리지 말고 문을 두드리세요.

스무 살 무일푼에서 100억 슈퍼개미가 된

이주영의
내공
주식투자

2
철학편

이주영 지음

기법이 아니라
흔들리지 않는
심법 心法이다

프롤로그

"당신의 주식투자 기준은 무엇인가?"

아주 기본적인 질문이지만 투자자에게 위의 질문을 던질 때 자신 있게 대답할 수 있을 정도로 투자 내공을 갖춘 사람이 몇이나 될까? 혹시 이 글을 읽고 있는 독자는 어떨까?

이 질문에 간단명료하게 답할 수 있는 사람을 우리는 투자 전문가 혹은 고수라고 부른다. 그만큼 투자에서 기준을 세운다는 것이 어려운 일이라는 뜻이다. 투자 철학과 함께 투자 방법까지도 명쾌하게 정리되어 있어야 하기 때문이다. 그러므로 스스로에게 "나는 어떤 기준으로 주식투자를 하고 있는가? 그 장점과 단점, 유용성과 한계는 무엇인가?"를 물어본 적이 있다면 적어도 주식투자에 기준이 필요하다는 점을 알고 있는 투자자이다. 나아가 그 대답까지 명확히 할 수 있다면 주식투자로 인한 대부분의 고민과 문제점을 해결할 능력을 갖춘 것이다.

'주식투자'라는 제목을 가진 이 책을 손에 든 독자라면 투자 과정에서 겪는 여러 문제점을 이겨내기 위해 이 질문을 끈질기게 파헤치고 있는 사람일 것이다. 그 문제점들이 자신에게만 일어나는 것인지 다른 사람들도 같은 일을 겪는지를 알고 싶어할 것이고, 만약 다른 이들도 겪는 것이라면 어떻게 극복할 수 있는지를 배우고 싶어할 것이다. 천부적인 투자 귀재가 아니라 대책 없이 뛰어든 개미로서 나는 그와 같은 욕구를 너무나도 잘 알고 있다. 아무리 애를 써도 넘을 수 없을 것 같은 벽을 나 역시 수시로 느꼈기 때문이다.

나는 스무 살에 절대로 잃어서는 안 되는 돈, 아버지의 유산을 들고 주식시장에 뛰어들었다. 어떤 길이 바르다고 가르쳐주는 스승도 없었기에 모든 것을 혼자 결정하고 감내해야 했다. 하지만 기준은커녕 어떤 사안에 대한 판단력조차 없었기에 늘 혼란스러웠고 불안했다. 그래서 당시에는 눈물 마를 날이 없었고 매일 절망감을 안고 하루를 마감했다.

그런데 돌이켜보면 그 시절 겪은 혼란과 고통은 너무나도 당연했다고 생각한다. 가장 큰 이유는 내가 주식투자가 아닌 주식투기를 하고 있었기 때문이다. 투자라는 행위는 이성적이고 분석적이며 미래를 예측하고 위기를 기회로 만드는 능력이다. 하지만 나는 탐욕에 눈이 멀어 본능적이고 충동적인 매매를 반복하고 있었다. 그때 내게 중요한 것은 오직 돈 버는 방법뿐이었다. 눈앞에서 초 단위로 오가는 돈뭉치를 보면서 그 꽁무니만 쫓아다니기 바빴다.

차분히 생각해보면 주식시장 자체가 그렇게 복잡하고 혼란스러운 것은 아니었다. 혼란의 원인은 어디까지나 나 자신에게 있었다. 그때 누군가 나에게 "당신의 주식투자 기준은 무엇입니까?"라고 물었다면 "네? 저는 그냥 돈을 벌고 싶을 뿐인데요"라고 답했을 것이다. 무지와 탐욕으로 똘똘 뭉친 당시의 나를 생각하면 소름이 돋을 정도로 한심하고 부끄러울 따름이다.

하지만 그 시기에 대한 뼈아픈 대가를 치렀고 진심으로 후회하고 반성했기 때문에 도저히 빠져나올 수 없을 것 같았던 투기의 늪에서 벗어날 수 있었다. 그리고 지금은 돈을 넘어 주식을 넘어 더 큰 곳을 바라볼 수 있다.

주식시장에서 단순히 높은 수익률만을 위해서 개별주식을 분석하고 매매 기술을 익히다 보면 결국은 자신을 투기의 위험으로 몰아간다. 수익을 내준다는 수많은 분석법과 현란한 기술에만 집착하다 보면 일확천금의 환상과 패가망신의 공포 사이를 끊임없이 오가는 신세가 될 수밖에 없다.

이러한 점을 경험적으로 알고 있는 나는 이 책을 읽는 독자들이 자신만의 투자기준을 세우는 데 안내자가 되고자 한다. 그렇지만 어떠어떠하게 기준을 만들면 된다고 말할 수는 없다는 것을 독자 자신이 더 잘 알 것이다. 이론적으로 기준을 알고 있는 것과 피땀 흘려 번 돈을 주식계좌에 넣어 실제 투자를 하는 것은 거의 하늘과 땅 정도의 차이가 나기 때문이다. 학교에서 시험을 치를 때 공부 잘하는 친구의 요약 노트를 빌려 달달 외운다고 해서 우등생이 되는 게 아닌 것과 마찬가지다. 이를 이겨내기 위해서는 벽돌을 쌓듯 바닥부터 차근차근 단계를 밟아 올라가는 수밖에 없다.

이 책에서는 먼저 투기의 유혹을 뛰어넘기 위해 감정적이고 충동적으로 매매하는 근본적인 원인을 알아볼 것이다. 위험과 기대수익률을 계산하고 투자하는 투자 고수로 거듭나기 위해 경제와 투자에 대해서 많은 질문을 던지고 함께 답을 찾을 것이다. 예를 들어 기본적인 투자의 마음가짐, 투기와 투자의 구별법, 돈의 공포를 이기내기 방안, 가치와 희소성의 관계, 투자의 목적, 경기변동의 현상과 원인, 다양한 주식매매 방법의 활용 방안과 한계들을 살펴볼 것이다. 소설처럼 재미있지도 않고 다루는 범위도 워낙 넓어 진도가 빨리빨리 나가지는 않을 것이다. 하지만 빨리 읽는 것이 중요한 것이 아니라 내가 목에 핏대를 세우듯이 하며 전하고자 하는 메시지를 자기 것으로 만드는 게 중요하다는 사실을 알아주기 바란다.

그렇게 나는 독자와 함께 질문을 던지고 그에 답하면서 함께 투자 기준과 철학을 만들어갈 것이다. 이것이 바로 투자 내공이다. 책의 마지막 부분에서는 내공이 쌓인 독자들과 현 체제에서 가장 이상적인 주식투자 방법을 공유할 것이다. 자본주의 체제에서 수익이 날 수밖에 없는 업종을 분류하고, 인플레이션과 돈의 시간가치를 넘어서는 투자수익을 거둘 수 있도록 안내할 것이다. 이 여정을 함께하면서 독자들은 진정한 부와 행복을 누릴 수 있는 길을 찾으리라 확신한다.

나는 이 책을 결코 쉽게 쓰지 않았다. 주식시장 외에 다른 길을 생각해본 적이 없이 지금까지 10년을 이 안에서 살았다. 그러므로 이 책에는 한 청년의 가장 황금 같은 시기의 모든 것이 담겨 있다. 수천 번의 성공과 실패의 경험, 수천 권의 독서 그리고 오랜 사색을 통해 다져온 투자 내공이 온전히 들어 있는 것이다. 부디 나의 내공이 독자들에게도 그대로 전달되어 이전과는 다른 주식투자의 세계를 접하게 되길 빈다. 그리하여 모두가 주식시장에서 영원한 승자가 되기를 바란다.

끝으로 책이 나오기까지 모든 수고를 아끼지 않으신 분들께 감사의 말씀을 드리고 싶다. 원고를 받고 흔쾌히 출간을 결정하신 김선식 사장님께 가장 먼저 큰 인사를 드리고 싶고, 첫 책이 아니면서도 여전히 저자로서는 서툴기만 한 나의 여러 면들을 너무나도 충실히 메워주신 편집팀 여러분들께 고마움을 전한다. 그리고 언제나 부족하기만 한 나를 지켜봐주고 사랑으로 안아주는 많은 분들에게 깊은 감사의 마음을 전한다. 그분들이 없었다면 결코 이 책을 완성할 수 없었을 것이다. 그 힘을 바탕으로 나는 더 열심히 살 것이며 더 큰 사랑으로 보답하기 위해 노력할 것이다.

2011년 9월

이주영

차례

프롤로그 ·· 4

1장
주식시장과의 첫 만남
01.. 운명의 길에 들어서다 ································· 17
02.. 위험과 혼돈의 공간, 주식시장 ······················· 22

2장
'돈'을 위해 영혼을 팔다
01.. 차트쟁이로 살다 ····································· 29
02.. 과자부스러기를 쫓는 개미 한 마리 ··················· 33
03.. 피할 수 없는 투기의 마력 ···························· 36
04.. 나는 투자를 할까, 투기를 할까? ······················ 41
05.. 시장을 '이용'할 수 있는 내공이 필요하다 ············ 48

3장
돈, 쫓지 말고 다스려야 한다
01.. 돈은 사랑과 두려움의 대상 ··························· 55
02.. 절대적인 '돈'의 실체 ································ 62
03.. 돈을 통해 자본주의를 통찰하다 ······················· 68

4장
가치와 가격을 꿰뚫어보는 내공을 키워라
01.. 투자의 기본은 정확한 가치 측정 ········ 77
02.. 비싸기 때문에 명품이다 ········ 80
03.. 기업의 독점과 희소성 ········ 85
04.. 희소성을 이용하여 주식 선별하기 ········ 94
05.. 혼돈의 주식시장에서 가치 있는 것을 찾는다는 것 ········ 98
06.. 진정한 가치를 측정할 수 있는 기준을 선택하라 ········ 104

5장
갈수록 돈은 늘어나지만 가치는 줄어든다
01.. 돈을 '지키기 위해' 재테크가 필요하다 ········ 115
02.. 돈은 어떻게 만들어질까 ········ 118
03.. 필연적인 인플레이션 ········ 122
04.. 주식시장은 전혀 논리적이지 않다 ········ 127
05.. 금본위제와 신용화폐 제도 ········ 130

6장

경기변동의 실체와 신용창조의 위험

01.. 경기변동이 우리 삶에 끼치는 영향 ·················· **135**
02.. 고점 풀 베팅, 저점 투매의 이유는? ·················· **141**
03.. 경기를 혼란스럽게 하는 신용창조 ·················· **146**
04.. 무리한 신용창조가 거품을 만든다 ·················· **150**
05.. 원화의 통제력은 누구에게 있을까 ·················· **157**

7장

언론과 금융기관의 교묘한 술수

01.. 대중매체의 진실 혹은 거짓 ·················· **165**
02.. 투기를 부추기는 금융기관 ·················· **169**

8장

기술적, 기본적 분석의 다양한 방법과 한계

01.. 차트를 보면 기업을 알 수 있을까? ·················· **175**
02.. 기술적 분석의 손바닥으로 하늘 가리기 ·················· **183**
03.. 재무제표로 기업의 가치를 알 수 있을까? ·················· **195**
04.. 숫자로 표현할 수 없는 기업의 다양한 가치 ·················· **204**

9장

투자 거장의 지혜

01.. 주식시장의 14가지 위험요소 — 215

02.. 쉽지만 따라 하기는 어려운 워런 버핏의 투자법 — 218

03.. 인플레이션을 이용하여 투자에 성공한 버핏 — 223

04.. 버핏은 14개의 장애물을 어떻게 넘어섰나 — 239

10장

진정한 투자비법을 깨닫다

01.. 정보를 재가공할 수 있는 철학과 기준이 필요하다 — 247

02.. 투기는 철저히 버려라 — 254

03.. 인플레이션을 제대로 이용하라 — 260

11장

무조건 수익 내는 업종 분류 주식투자법

01.. 기업을 분석하는 근본적인 방법 — 273

02.. 업종을 분류하는 네 가지 기준 — 278

03.. PER과 PBR로 주가의 현재 위치를 점검하라 — 287

04.. 효율적인 포트폴리오 구성 — 294

05.. 사례로 배우는 실전 투자 — 298

주식시장과의 첫 만남

시장 곳곳에 숨겨져 있는 위험요소를 발견하지 못하고 불안 속에서 투자하는 수많은 개미 투자자들이 이 책을 통해 나의 경험과 노하우를 자신의 것으로 삼았으면 한다. 시장 안의 위험요소와 외부의 위험요소 그리고 투자자 자신에서 비롯되는 위험요소까지, 말로 설명할 수 없는 수많은 위험들을 감지하고 자신만의 투자를 완성하길 바란다.

01.. 운명의 길에 들어서다

열일곱 살이 되던 여름, 아버지께서 간암으로 돌아가셨다.

겨우 초등학교 5학년이던 동생은 어머니를 붙들고 몸부림을 치며 울었고, 이를 앙다물어 울음소리를 삼키는 어머니를 보며 나는 뜨거운 눈물을 흘렸다. 우리는 간절한 마음으로 아버지가 좋은 곳에서 우리를 지켜보시길 기도했다.

이제 홀로 키워야 하는 두 아들을 앞에 두고 어머니는 어떤 심성이셨을까. 집안일밖에 모르다가 졸지에 가장이 되어 고스란히 삶의 무게를 떠안았으니 당신의 삶은 때때로 허방을 짚듯 얼마나 막막하셨을지, 남몰래 얼마나 많은 눈물을 흘리셨을지…….

평범한 회사원이었던 아버지는 집 한 채와 소정의 자산을 남기셨다. 그때는 1999년이었고 나를 여기까지 이끌고 온 운명의 장난

이 시작되었다. IMF의 충격을 딛고 재기에 온 힘을 기울이던 시절, DJ정부는 경기부양을 위해 중소기업을 육성하고자 벤처기업을 정책적으로 지원했다. 당시 세계적으로 IT열풍이 일었고 우리나라도 예외는 아니었다. 1996년에 설립된 코스닥시장에서 벤처기업들은 회사 운영자금을 조달해왔는데 IT열풍과 함께 코스닥시장에도 광풍이 몰아치고 있었다.

지칠 줄 모르는 코스닥시장의 상승세로 당시는 너나없이 주식에 돈을 묻었고 며칠 만에 얼마를 벌었다는 사람들이 넘쳐났다. 남편을 잃고 두 자식을 둔 어머니는 고심 끝에 주식투자를 결정하셨다. 그러나 결과는 비참했다.

어느 날 어머니가 열일곱 살인 나를 부여잡고 눈물을 보이셨다. 아버지의 유산이 주가 하락으로 대부분 사라졌다는 것이다. 나는 너무나 놀랐고 절망스러웠지만 장남으로서 어머니를 위로해드렸다. 그리고 그때부터 어머니 계좌에 남아 있는 주식의 가격에 관심을 갖기 시작했다. 경제신문이나 경제뉴스를 대하는 나의 태도도 매섭게 달라졌다. 그렇지만 폭락을 거듭하는 주가를 어떻게 해야 할지는 알 수 없었다.

고등학교 3년을 그렇게 보내고 난 후, 컴퓨터로 HTS를 접하게 되었다. 처음 HTS를 접할 때의 충격과 벅차오르던 감정은 그 어떤 말로도 형언할 수 없을 정도였다. 수세기 전 콜럼버스가 광활한 바다를 보며 품었을 신대륙에 대한 열망에 비유한다면 지나친 것일까? 어쨌든 나로서는 HTS가 보여주는 주식시장의 수많은 거래와 엄청난 자금이동이 가능성 높은 기회의 장, 광대한 신세계로 여겨졌다. 너무나 신선한 충격이었으며 마치 내가 자본주의의 소용돌이 한복판에 있는 듯싶었다.

그때부터 나는 주식시장과 사랑에 빠지기 시작했다. 철없고 겁없는 스무 살 풋내기는 아무것도 생각하지 않고 오로지 주식에만 전념하기 시작했다. 그 공간이 주는 성공의 환상 이면에는 피도 눈물도 없는 살벌한 전쟁이 벌어지고 있다는 사실을 모른 채 말이다. 그리고 어느새 지금은 주식판에서 그 치열한 싸움을 한 지 10년이 되었다.

나는 투자에 대해 배울 스승이 없었다. 그래서 몸으로 부딪힐 수밖에 없었다. 불이 뜨겁다는 것을 몰랐으므로 거침없이 손을 내밀었고, 날카로운 고통을 겪고서야 불의 실체를 알게 됐다. 무식하고 미련했고 많이 아팠다. 그래도 나는 포기하지 않고 뛰어들었다. 10년 동안 주식시장을 보지 않은 날은 거의 하루도 없었다. 매일 코스피200 차트를 돌려 보고, 때론 전 종목의 차트를 돌려 보며 각 종목의 시세를 확인했다. 수시로 뉴스를 검색하고, 공시와 재무제표를 체크했으며, 기업 홈페이지를 탐색하면서 끊임없이 정보를 갈구했다. 그곳에서 난 도대체 무엇을 보았고 무엇을 느꼈을까. 무엇 때문에 그리도 열심히 덤볐을까.

　나의 투자 선생님은 독서와 사색 그리고 실제 경험이 전부였다. 손실을 볼 때마다 눈물을 삼키며 실수를 반복하지 않으려고 애를 썼다. 하지만 시장은 호락호락하지 않았다. 상황은 늘 변했으며 난 매번 패배자 대열에 서 있었다. 아무리 기를 쓰며 발버둥쳐도 이길 수가 없었다. 거대한 시장 속에서 나란 존재는 너무나 무기력했으며 고독했다. 스무 살부터 시작된 그와 같은 날들, 한 발자국만 헛디디면 천길 낭떠러지로 떨어질 것 같은 두려움 속에서 어느덧 스물여덟까지 왔다. 그 시간 동안 누구에게도 털어놓을 수 없었던 고독과 두려움을 이제야 조금은 담담히 마주할 수 있을 것 같다.

　가끔 나는 스스로에게 어떤 목적과 이유로 이 길을 걸어왔는지 물어본다. 한 번도 다른 곳을 기웃거리지 않고 주식시장을 고집할 수 있었던 이유는 단지 돈에 대한 집착때문만은 아니었다. 아무것도 모르고 무작정 뛰어들던 때는 물론 돈을 벌겠다는 생각이었지만 시간이 갈수록 주식시장을 넘어 자본주의 시스템과 경제를 이해하게 되었다. 투자를 위해 상장기업과 산업을 공부하고 분석하면서 국가의 '부'의 흐름을 포착하게 되는 보람도 있었다. 그 속에서 나는 성장한 것이다.

　유수의 펀드매니저들과 애널리스트들이 활발히 활동하고 있는 주식시장에서 10년간의 경험이란 어쩌면 명함도 못 내밀 정도의 경력일 터이다. 하지만 나는 수많은 시행착오를 겪고 이를 극복하는 과정에서 투자의 진실을 느끼고 깨달았다. 그와 같은 경험이 일반 투자자들에게 도움이 되기를 바라는 마음에서 이 글을 쓴다.

주식시장 안에서 난 정말 미쳐 있었고, 어떻게 살아왔는지 생각할 겨를도 없이 하루하루 삶과 죽음이 공존하는 길을 걸으면서 여기까지 왔다. 막막함, 두려움, 고독감, 책임감, 절망감, 좌절감, 후회, 손이 떨리는 공포감을 느끼며 그렇게 하루를, 또 하루를 버텨왔다.

02.. 위험과 혼돈의 공간, 주식시장

    망망대해 한가운데 가냘픈 돛단배처럼 언제 파도가 덮쳐 부서질지 모르는 죽음의 공포가 항상 나를 엄습했다. 아무리 길을 찾고 싶어도 어디로 나아가야 할지 알 수가 없었다. 나에겐 지도도 없었고 나침반도 없었다. 아무리 노를 저어봐도 끝없는 바다밖에 보이지 않았다. 그러다 구름이라도 낀 날이면 언제 비가 내릴지 몰라 걱정했고 바람이라도 세차게 몰아치면 언제 폭풍이 올지 몰라 공포에 떨어야 했다.

    사방이 끝없는 바다로 둘러싸여 있었다. 하지만 가장 큰 공포는 도대체 어디로 노를 저어야 하는지를 알 수가 없다는 사실이었다. 아무리 아프고 고통스러워도 목표가 있다면, 가야 할 길을 알고 있었다면 그토록 비참하지는 않았을 것이다.

하루하루 열심히 노를 저었다. 하지만 방향감각을 완전히 상실한 채 어디로 가는지도 알 수 없는 나날이었다. 노를 젓고 또 저어서 가다 보면 '이쪽이 육지로 가는 방향인가?' '오히려 바다 한가운데로 가버리는 것은 아닐까?' 하는 의심만이 가득해졌다. '이 방향이 나를 살릴 것인가, 아니면 나를 말려 죽일 것인가?'라는 생각에 어찌해야 할 바를 몰랐다. 그렇게 돌고 돌고 돌아서 결국은 제자리로 오는 경우가 허다했다.

넓고 넓은 바다 한복판에서 또다시 홀로 눈물을 흘리고 목놓아 울었다. '도대체 어디로 가야 하나? 난 도대체 어디로 가야 하나?'

주식시장은 개미에게 그야말로 위험과 혼돈의 공간 그 자체다. 이 공간에만 있으면 결국 무엇을 원하는지, 무엇을 하고 있는지조차도 모르는 상태에 이르게 된다. 이 공간에서는 누구나 망망대해의 가냘픈 돛단배와 같은 자신을 발견한다. 어디로 가야 할지 모르는 채, 어디로 노를 저어야 하는지도 모르는 채, 절망과 고독과 죽음의 고통 속에서 죽기 살기로 발버둥친다. 하지만 아무리 노력을 해도 제자리로 돌아오기가 태반이며, 그런 자신을 보면서 또다시 절망한다.

아이러니하게도 내가 죽음의 공포를 느끼면서도 끝까지 주식시장을 떠나지 않았던 본질적인 이유는 '성공'이 아니었다. 이곳에서 떼돈을 벌겠다는 생각은 이미 없었다. 단지 돈을 버는 것만이 목적이었다면 굳이 이 고통스러운 전쟁터를 고집하지는 않았을 것이다. 나는 이 안의 거대한 돈의 흐름 속에서 나만의 '꿈과 희망'을 보았다. 이곳에서 돈의 물줄기를 잘 통제하고 조절하면 모두가 잘 살 수 있으리라는 희망에 가슴이 벅찼다.

　이런 희망을 품고 주식시장에 모든 걸 걸었지만 내가 겪은 투자의 현실은 정말 참담했다. 하지만 고통과 좌절의 나날을 거치면서 나는 조금씩 조금씩 달라졌다. 아픈 만큼 성장하고 있었으며 그런 나를 발견했기에 포기할 수 없었다. 하루만, 또 하루만이라는 생각으로 이를 악물며 버텼다. 이곳에서 모든 걸 불태웠다. 꿈을 위해 원도 한도 없이 도전했다. 스스로를 벼랑 끝으로 몰았고, 그 고난이 나를 더욱 강하게 만들었다.

　아직도 한참이나 노를 더 저어야 하고 갈 길이 멀지만 이제는 어디로 가야 할지 방향을 찾은 것 같다. 내가 믿는 그 방향이 과연 옳은지, 만약 틀렸다면 어떤 방향으로 저어가야 하는지를 많은 이들과 함께 나누고 싶다.

　시장 곳곳에 숨겨져 있는 위험요소를 발견하지 못하고 불안 속에서 투자하는 수많은 개미 투자자들이 이 책을 통해 나의 경험과 노하우를 자신의 것으로 삼았으면 한다. 시장 안의 위험요소와 외부의 위험요소 그리고 투자자 자신에서 비롯되는 위험요소까지, 말로 설명할 수 없는 수많은 위험들을 감지하고 자신만의 투자를 완성하길 바란다.

　주식시장은 실로 화려한 곳이다. 부의 실체가 무엇인지를 보여주는 듯 당장 눈앞에서 수백, 수천 억의 돈이 왔다갔다한다. 그리고 그 돈을 붙잡겠다고 수십만의 사람들이 온갖 매매기법과 현란한 기술을 동원하여 거래를 체결시키는 곳이다. 하지만 투자의 진실과 비밀을 생각하며 '진정한 부'를 바라봐야 한다. 그러할 때에만 진정한 부자가 될 수 있다. 진실함을 바탕으로 투자할 때, 인내하고 이해하고 희생할 수 있기 때문이다.

'돈'을 위해
영혼을 팔다

사람들은 믿고 판단한 대로 인생을 걸기 시작한다. 그러다 보면 어느새 냉철한 이성적 투자가 아니라 꿈과 희망이라는 애매모호한 기준에 의존하는 감성적 투기꾼으로 변질한다. 마치 무언가에 홀린 것처럼 숱한 시간과 투자금을 내다버리게 되고 그리고 나서야 꿈에서 깨어나 현실을 본다.

01.. 차트쟁이로 살다

　컴퓨터에 증권사의 HTS를 설치하고 맨 처음 호가창을 보았을 때를 잊을 수가 없다. 정신을 차릴 수 없을 만큼 위아래로 움직이는 주가, 실시간으로 더해지던 거래량 그리고 빨갛고 파란 무수한 숫자와 기호들……. 그때까지 단순히 어떤 상품을 생산하는 회사라는 정도로만 생각하고 있었던 많은 기업들의 이름을 새삼스레 하나씩 읽어가면서 '이곳이 자본주의의 꽃이라는 주식시장이구나' 하는 것을 새삼 느꼈다.

　이곳에서 살아남을 수만 있다면 생계의 문제를 벗어나 원하는 것을 모두 할 수 있고, 세상을 원하는 방향으로 이끌어갈 수 있겠다는 생각까지 들었다. 순간 온몸에 전율이 흘렀다. 그리고 그 길로 뒤도 돌아보지 않고 모든 열정을 쏟아 붓기 시작했다. 이제 막

주식시장의 외피를 곁눈질해 보았을 뿐인 스무 살 풋내기는 그곳이 마치 오래도록 자신을 기다리고나 있었다는 듯이 열에 들뜨기 시작했다. 그런 무모함, 떼돈의 환상과 성공의 확신이 자기 무덤을 파는 행위라는 것을 그때는 꿈에도 알지 못했다.

떼돈에 대한 열정으로 시작한 주식매매는 역시나 노름과 다름없었다. 나의 관심사는 매매를 해서 '돈을 버느냐, 돈을 잃느냐' 오로지 그것뿐이었다. 물론 당시 나는 무척 진지했고 내가 할 수 있는 최선을 다했다. 주식시장을 대상으로 그 외의 관심사가 있어야 한다는 것을 몰랐을 뿐이다.

초창기에는 대부분 개미가 그러하듯 나도 눈에 보이는 기술적 분석에 심취했다. 관심사는 딱 하나였다. '얼마나 싸게 사서 얼마나 비싸게 파는가?' 하루 만에 거의 전 종목의 차트를 돌려 보다시피 했고 코스피200 종목의 경우는 하루도 차트를 돌려 보지 않은 적이 없었다. 내 눈에는 그게 다 돈으로 보였다. 차트 패턴을 분석하면서 '어떤 게 급등할까?' '어떤 종목을 사면 돈이 될까?' 하는 생각뿐이었다.

신문이나 TV의 증권 관련 프로그램에서 긍정적으로 언급되는 종목이 나타나면 컴퓨터 앞으로 달려가 차트를 띄웠다. 그런 식으로 차트에 대한 단편적인 지식으로 상승형인지 하락형인지를 분석하려고 애썼을 뿐, 본질적으로 매수 대상이 되는 기업의 가치는 생각해보지도 않았다.

  이 얼마나 미련하고 멍청한 짓인가! 차트로만 매매하자 삼성전자나 포스코, 현대차, 현대중공업의 차이를 구분할 수 없었다. 나에겐 단지 차트의 그림만이 다를 뿐이었다.

  열정만 가지고 떼돈을 벌겠다는 허황된 욕심은 나의 판단력을 앗아갔다. 주가가 급등하면 급등하는 대로, 폭락하면 폭락하는 대로 입안이 바짝바짝 타들어갔다. 주가가 오르면 조금이라도 더 빨리 매수해야 한다는 조급함 때문에, 주가가 폭락하면 조금이라도 더 빨리 탈출해야 한다는 압박감 때문에 항상 신경이 곤두선 상태로 하루하루를 보냈다.

  밤잠을 설치며 미국 증시의 움직임을 살폈고, 온종일 뉴스라는 뉴스는 실시간으로 다 보고 들었다. HTS에서 수시로 뜨는 공시와 뉴스, TV를 통해 계속 나오는 시황분석까지 혹시나 놓치는 정보가 있을까 하여 노심초사했다. 그렇지만 오히려 그것들은 나의 사고능력을 떨어뜨렸다.

  또한 매매 결과는 하루에도 몇 번이나 천당과 지옥을 오가게 만들었다. 매수한 종목이 급등하면 기쁨과 환희에 어쩔 줄 몰라했고, 매수한 종목이 폭락하면 아파하고 절망하며 풀이 죽었다. 그뿐이랴. 내가 했던 행동뿐 아니라 하지 않은 행동에 대해서도 감정의 파고는 마찬가지로 거셌다. 눈여겨보고 있던 종목이 매수하기 전에 급등이라도 하면 과감하게 매수하지 못한 자신을 탓했다. 과감하게 행동해서 손실을 본 경우에는 좀더 신중하지 못했음을 자책했다. 이렇게 하든 저렇게 하든 주식시장에서 나의 모든 행동은 후회와 절망의 이유가 됐다.

   나는 '투자'가 아닌 '투기'를 하고 있었다. 주식시장이 아닌 투기판의 정점에 있었다. 그런데 더 나쁜 것은 그것이 투기라는 사실을 인정하지 않았으며, 인정하지 않을 만한 명분이 사회적으로 존재한다는 사실이었다. 화투를 친 것도 아니고 경마장에서 베팅을 하는 것도, 강원랜드에서 잭팟을 노렸던 것도 아니다. 우리나라 기업에 운영자금을 조달해주는 주식시장에 참여하여 점잖게 매수주문을 내거나 매도주문을 냈을 뿐이다. 이처럼 비겁한 방패 뒤에 숨어 계좌에 돈을 넣었다 뺐다를 반복하면서 투기의 나날을 버텨갔다. '난 지금 노름을 하는 게 아니다. 자본주의의 심장부인 주식시장에서 승리하기 위해 고생을 하는 것이다.'
   그렇게 스스로를 떳떳하게 만들어주는 자기최면을 유지하는 한편, '현재 수급(수요와 공급의 싸움) 상황으로 볼 때 주가가 이 정도 고점이면 더 상승할까? 아니면 꺾일까? 주가가 이 정도 하락했으니 이쯤에서 반등할까? 아니면 더 하락할까?'를 따지느라 컴퓨터 앞을 떠날 수가 없었다.

02.. 과자부스러기를 쫓는 개미 한 마리

　노름에 빠진 사람들이 대개 그렇듯이 나 또한 날이 갈수록 어리석어지고 감정의 기복이 심해졌으며 동물적인 행동을 하게 됐다. 이성적이고 철저한 분석과 정확한 정보가 바탕이 되어야 하는 주식시장에서 사물을 객관적으로 보고 판단하는 능력을 상실한다는 것은 언제든 치명타를 입을 처지에 노출되어 있음을 나타낸다. 또한 영혼만 피폐했던 것이 아니라 겉모습조차도 변해갔다. 항상 신경이 곤두선 채로 있었기 때문에 눈은 충혈되기 일쑤였고 다크서클이 깊어졌으며 표정을 잃어갔다. 몸도 마음도 모든 것이 메말라 버린 것이다.

　그러던 어느 날, 그날도 역시 날이 채 밝기 전에 일어나 컴퓨터 앞으로 달려갔다. 밤 사이 미국 지수는 어떤 변동을 보였는지를 살피면서 동시에 신문의 경제 면을 훑은 다음, 다시 HTS 뉴스종합창에서 특이할 만한 공시가 있는지 체크했다. 그러고는 차트를 돌려 보면서 전일 종가 대비 시가 예상 상승률을 따져보며 오늘 공략할 종목들을 고르기에 여념이 없었다. 어제도 그랬고, 그 전날에도 그랬던 것처럼 변함없는 노름꾼의 하루가 시작되고 있었다.

그런데 문득, 온몸의 맥이 탁 풀리며 나를 때리고 가는 의문 하나가 있었다.

'내가 지금 무얼 하고 있는 거지?'

스무 살에 모든 걸 제쳐두고 주식을 선택한 건 주식시장에서 '가능성'을 봤기 때문이었다. 나에게 이곳은 우리의 미래가 있는 곳이고 대한민국의 나아갈 방향이 있는 곳이었다.

'그런데 지금 나는 무엇을 위해 이런 행동을 하고 있는 거지?'

매수나 매도 순간이 오면 수전증 걸린 알코올중독자처럼 초조함에 덜덜 떨며 늘 다급해하고 안절부절 못하는 나의 모습. 단정하고 믿음직스럽다는 말을 들으며 자란 내가 하루하루 시세차익만을 노리는 돈에 굶주린 노름꾼이 되다니 이 무슨 꼴인가.

'어머니!'

나를 위해 날마다 기도하시는 어머니의 얼굴이 스쳐가면서 나도 모르게 눈물이 왈칵 쏟아졌다. 나를 믿고 지켜봐주는 친구들과 수많은 지인들의 걱정스러워하는 얼굴이 차례차례 떠오르면서 눈물이 멈추지 않았다. 참으로 오랜만에 가슴 밑바닥을 때리는 고통을 느끼며 나의 내면과 마주한 순간이었다.

거대한 자본주의의 돈의 흐름 속에서 남은 과자 부스러기나 먹으려는 거지 같은 개미 한 마리. 나의 현재 모습을 적나라하게 깨닫게 되자 부끄럽고 또 부끄러웠다. 내가 파놓은 무덤에 스스로 처박힌 것이다. 결국, 이때까지 옳다고 믿으면서 행해왔던 수많은 일들, 눈에 있는 대로 힘을 주며 차트를 분석하던 것이며 뉴스와 공시를 쫓아다닌 일, 바다 건너 미국의 다우니 나스닥이니 하는 지수들에서 실마리를 잡겠다고 덤볐던 일 등 그 모든 것들이 얼마나 부질없으며 자기만족을 위한 짓이었는가를 확실히 알아버린 것이다. 혹시나 놓치는 기사가 있을까 봐 모든 종류의 신문을 챙겨 읽던 그 집착에 가까운 일들에서 내가 얻은 것은 진정 무엇이었을까.

하늘이 무너지고 있었다. 난 천하의 바보였다. 좌절과 절망 속에서 방바닥을 긁으면서 지난 세월을 반성했다.

03.. 피할 수 없는
투기의 마력

투기를 투자라 믿으며 주식시장이라는 공인된 투기판에서 열정을 불사르던, 아무리 노력해도 늪에서 허우적대는 느낌을 떨쳐버릴 수 없었던 수많은 나날들을 생각한다. 하루하루의 주가 변동에 지나치게 동요하고 조바심 내던 나날, 주가 하락에 몇 날 며칠을 잠도 못 자고 초조와 불안 속에 살아온 나날을 돌이켜보면 그저 허탈한 웃음만 나온다.

하지만 온몸으로 미련스럽게 들이받았던 그 나날들은 이후 나를 투기로부터 완전히 자유롭게 해주었다. 누구에게도 방해받지 않고, 아니 오히려 지지를 받으면서 원도 한도 없이 노름을 해봤기 때문에 그 유혹에 빠져들 수밖에 없는 상황과 감정 그리고 폐해를 완벽하게 알게 됐기 때문이다. 그래서 또 한 번 그저 웃는다. 어떤 생각을 갖고 들어섰든, 목적과 각오가 얼마나 다르든 간에 주식시장에 처음 발을 디딘 사람은 누구든지 투기라는 시행착오의 단계를 피할 수 없는 것이다.

투자는 고도의 이성적 판단에 따라 이루어진다. 이와 반대로 투기는 극도의 감정적 판단에 의해 행해진다. 설령 투자자 스스로는 충분히 이성적으로 판단했노라 주장하더라도 실상 이성의 탈을 쓴 감정의 이끌림에 휩쓸린 경우가 대부분이다.

우리는 정신을 바짝 차리면서 투자를 하려고 하지만 불쑥불쑥 투기적인 행동을 한다. 인간은 감정적 동물이기 때문이며 감정과 이성을 분리할 수 없는 존재이기 때문에 더 그렇다. 몇 번이고 반복해서 지속적으로 이성적 판단을 할 수 있는 사람은, 고도로 지적인 훈련을 받았거나 감정적 행동 때문에 뼈아픈 대가를 치른 사람 정도가 아닐까. 하지만 그런 사람이 몇이나 될 것이며, 얼마나 오래 그런 자세가 유지되겠는가.

흔히 아는 이야기로 뉴턴의 예를 들 수 있다. 그는 시대 최고의 지성이었음에도 "천체의 움직임은 계산할 수 있지만 인간의 광기는 도저히 계산할 수 없다"는 명언을 남기고 눈물을 흘리며 주식시장을 떠났다. 하지만 뉴턴은 인간의 광기를 계산하지 못해서 실패한 것이 아니다. 자신의 이성적 판단보다 감정적 판단을 근거로 매매했기 때문에 실패했다. 다시 말하자면 자신의 이성으로 인간의 광기마저 정확히 계산하려 했으나, 결국 그 자신의 내면에 있는 광기를 다스리지 못하여 실패한 것이다. 뉴턴은 분명히 자신이 매수한 종목의 기업 가치 내지는 과열된 상승세라는 주식시장의 분위기를 알고 있었다. 이를 바탕으로 버블에 편승해 주식을 매수한 다음 고점에서 팔아 큰돈을 벌었다. 하지만 그가 고점이라 생각한 지점을 넘어선 후에도 주가는 천정부지로 올랐다. 이성적으로는 분명히 하락을 하고도 남을 지점임에도 급등세가 멈추지 않았던 것이다. 결국 뉴턴은 주저주저하다 고점에서 재매수를 함으로써 파산에 이르고 말았다.

이렇듯 투기와 투자는 동전의 양면처럼 항상 붙어 다니며, 잠시라도 방심하면 경계가 모호해진다. 이성적 판단을 하려면 성실하고 절제된 행동과 가치를 계산할 수 있는 사고력 그리고 적절한 현실감각이 필요하다. 이성적 판단으로 투자하려면 하루하루 기도하는 마음으로 수양해야 한다. 이와 반대로 투기적 판단은 '알 수 없는 묘한 희망과 꿈'을 바탕으로 한다. 논리적인 판단으로 기대수익률과 위험률을 계산하기보다는 막연한 희망과 환상을 갖고 접근한다. 이것을 사면 큰돈이 될 것 같은 느낌, 다른 사람은 다 망해도 나만은 대박이 날 것이라는 근거 없는 믿음에 휘둘린다. 돼지꿈을 꾸었다고 로또를 사고, 로또를 사자마자 당첨의 환상에 빠지는 것과 무엇이 다른가.

투기는 환상을 불러일으킨다. 가슴이 뛰고 흥분된다. 누가 뭘 사서 큰돈을 벌었다더라, 누가 어떤 행동을 해서 대박이 났다더라 하는 소문은 우리의 가슴을 설레게 한다. 그 순간부터 우리는 꿈과 희망을 품기 시작한다. '나도 대박 날 수 있어!' '저 사람도 저렇게 하는데, 나는 왜 못 해?'라는 생각에 마음이 바빠진다. 철저하고 냉정해야 할 기대수익률과 위험에 대한 판단은 '나도 할 수 있다!'라는 자신감에 묻혀버리고, 매수 후 기대와 다른 주가 움직임이 나타나면 당황해서 어떻게 해야 할지를 모른다.

사람들은 믿고 판단한 대로 인생을 걸기 시작한다. 그러다 보면 어느새 냉철한 이성적 투자가 아니라 꿈과 희망이라는 애매모호한 기준에 의존하는 감성적 투기꾼으로 변질된다. 마치 무언가에 홀린 것처럼 숱한 시간과 투자금을 그렇게 내다버리고 나서야 꿈에서 깨어나 현실을 본다.

투자는 재미가 없다. 투자를 위해서는 독서가 필요하고, 경험이 필요하고, 사고력과 인내가 요구된다. 하지만 투기는 달콤하다. 그곳에는 언제나 부푼 꿈과 희망이 있기 때문이다. 그 대상의 실제 가치가 어떠한가는 중요하지 않다. 단지 꿈과 희망을 품을 수 있게 하는 것만으로도 충분한 가치가 있어 보인다. 물론 그 대가는 처절하지만 당시에는 그 어떤 것과도 바꿀 수 없는 한줄기 희망의 빛으로 여겨진다는 사실이 참 안타까울 뿐이다.

투기와 투자를 구별해내는 것만으로도 자본주의 사회에서 높은 위치를 차지할 수 있다. 자본주의 안에서 돈이란 돌고 도는 것이고 이곳에서는 투자와 투기가 늘 함께 일어난다. 그런데 분명한 것은 투자를 하는 당신은 금세 부자가 되고, 투기를 하는 당신은 잠시의 꿈과 환상만을 본 후 곧바로 차가운 현실에 마주치게 되리라는 사실이다. 바로 내가 그러했듯이.

하지만 어떤 행동이 투자인지 또는 투기인지를 구별하기는 쉽지가 않다. 돈을 벌고 싶다는 생각으로 자본을 투입하는 행위는 일단 모두 투자라 불리지만 그 행위의 성격에 따라 투기가 될 수도 있다.

주식이든 부동산이든 채권이든 기타 상품자산이든 매매 전에 먼저 투자에 대한 기준을 정하는 것이 무엇보다 중요하다. 그것을 하지 못했을 때 어느 틈에 투기라는 강력하고 달콤한 유혹이 찾아올 것이고 웬만한 사람들은 그 유혹을 절대 피하지 못한다. 그리고 종국에는 꿈과 환상에서 깨어나 땅을 치며 후회하게 된다.

이 책에서 투기와 투자는 끊임없이 언급될 것이다. 그리고 그 경계를 나누려고 노력할 것이다. 무엇이 투자가 되고 무엇이 투기가 되는지 함께 나누어보자. 이를 통해 내가 말하고 싶은 한 가지 결론은 주식시장을 투자의 대상으로 바라봐야 한다는 것이다. 그래야만 위험한 주식시장에서 승리할 수 있고 '진실한 부'를 향해 나아갈 수 있다.

04.. 나는 투자를 할까, 투기를 할까?

"나는 지금 주식투자를 하고 있다."

평소에 별생각 없이 하는 말이지만 진지하게 생각해보면 뜻이 어려워진다. 투자라는 말 자체가 상징성을 띠기 때문이다. 투자의 사전적 의미는 '사업에 밑천을 댐 또는 출자'이다. 사업이나 기업에 투자하는 가장 큰 이유는 투자한 기업이 더 큰돈을 벌어줄 것이라 기대하기 때문이다. 기업이 적자를 내면서 내 투자금을 갉아먹을 것으로 생각한다면 애초에 누가 돈을 내놓겠는가? 결국 투자를 하는 이유는 돈을 벌기 위해서다.

'투자를 했기 때문에 돈을 벌었다.' vs. '돈을 벌려고 투자한다.'

이 두 문장이 나타내는 의미의 차이를 알 수 있겠는가? 그러면 이해를 위해 예를 들어보자.

> 1. 기업의 성장성이 보인다. 경영자들은 열정에 불타오르고 공격적으로 사업 영역을 확장하고 있다. 영업이익이 꾸준히 증가하는 추세이며 신제품 출시도 임박했다. 하지만 아직 표면적으로 드러난 성과가 크지는 않아서 잠재적인 성장성 정도로 볼 수 있다. 주가에 반영되려면 최소 2년 이상이 걸릴 것 같다.
> 2. 평범한 기업이 있다. 난 이 기업의 주식이 앞으로 2주일간 폭등할 것이라고 기대하고 있다. 차트의 기술적 신호가 매수구간이라 말하고 있으며, 믿을 만한 친구가 회사의 은밀한 호재를 가르쳐주었다.
>
> ● "당신은 어디에 투자하겠는가?"

어디에 투자하겠느냐는 질문은 얼핏 볼 때, 두 개의 기업이 있고 2년에 걸쳐서 수익을 낼 것인가 2주에 걸쳐서 수익을 낼 것인가를 묻는 것으로 보인다. 그런데 질문 자체에 결정적인 함정이 있다. 투자와 투기의 경계를 흐리게 만들고 있다는 점이다. 수익을 내기 위해 돈을 투입하는 행위를 모두 투자라고 전제한 것이다.

  2년을 바라보며 회사의 잠재적이고 장기적인 성장에 돈을 투입하는 것이 투자인가? 2주를 바라보며 차트의 일시적인 매매 신호나 호재성 뉴스에 돈을 투입하는 것이 투자인가?

  우리는 모두 돈을 벌려고 투자한다. 그런데 돈만 벌 수 있다면 수단이나 과정이나 방법은 어떻게 되든 상관없는 것일까? 나는 지금 생뚱맞게 윤리를 논하고 있는 것이 아니다.

"주식투자는 돈을 벌려고 하는 것이다."

이것은 당연한 말이다. 누가 이 말에 이의를 제기할 수 있겠는가? 하지만 돈을 벌고자 하는 목적이 전부가 되고 그 목적에 도달하는 수단과 방법, 과정 자체를 무시해버린다면 절대로 투자와 투기를 구별할 수 없게 된다.

다시 앞의 문제로 돌아가 보자. 누구나 상식적으로 1번이 투자이고 2번은 투기라는 것을 알고 있다. 그렇지만 2번이 아닌 1번을 선택하는 것은 미련한 행동이라고 생각한다. 그 이유는 간단하다. 1번보다 2번이 돈을 빨리 벌 수 있고, 확률도 높다고 생각하기 때문이다. 하지만 과연 기술적 신호라는 것을 틀림이 없다고 볼 수 있을까? 그리고 친구의 은밀한 정보는 정말로 은밀한 것일까? 투자의 세계에서 꼭 명심해야 할 것은 공짜는 없다는 것이다. 기대수익률이 커지면 위험도 커진다.

"나에게 '투자'란 무엇인가? 나에게 '투기'란 무엇인가?"

주식시장에 들어서면 매매에 나서기 전에 이것부터 생각해야 한다. 투자와 투기를 구별할 수 없다면 일반 투자자들은 어떤 투자라도 투기로 탈바꿈시킬 수 있는 비범한 능력을 발휘한다. 앞으로 시장의 전망은 어떻게 될지, 어떤 기업이 얼마나 장기적으로 성장할지 또는 어떻게 기술적으로 매매해야 단기적으로 시장의 심리를 이용해 수익이 날지, 기본적 분석의 어떤 기준으로 기업을 분석해서 장기간으로 보유해야 하는지 등 이런 기술이나 방법은 둘째 문제다. 먼저 투자와 투기를 스스로 구분할 수 있어야 한다.

투자와 투기는 대상을 선택하는 관점에서만 달라지는 것이 아니다. 예를 들어 자원개발 사업을 추진 중인 어떤 기업에서 유전개발 가능성이 대두되고 있다고 해보자.

> 머지않아 유전이 터지면 수익률이 10배 이상이라고 한다. 아직 터지지 않은 유전의 가능성을 보고 설비와 인력 등에 돈을 투입해야 하는 상황이며, 예상 비용은 100억이다.
> 1. 1,000억을 가진 기업이 100억을 투입했다.
> 2. 100억을 가진 기업이 100억을 투입했다.
> ● "어떤 기업이 투자를 하고 있는가?"

가능성이란 그 일이 성공할 확률뿐 아니라 실패할 확률도 있다는 뜻이다. 실패할 경우 1,000억을 가진 기업은 또 다른 사업으로 만회할 기회를 가질 수 있지만 전 자금을 쏟아 부은 기업은 그 길로 파산을 면할 수 없다. 여기서도 정답은 명확하게 1번이다.

당신은 불확실한 사업에 운영자금 전부를 털어넣는 기업이 어디 있겠느냐고 생각할지도 모른다. 정말 올바른 지적이다. 주식을 매매할 때도 이처럼 상식적으로 자금을 배분한다면 한 단계의 투기는 피해 간 것이다.

또 다른 예를 한번 보자.

> 1. 아주 우량한 기업이 있고 장기적인 주가 상승이 예상된다. 이미 투자해서 큰돈을 벌었다. 하지만 이에 만족하지 않고 신용과 미수를 사용해 레버리지 효과를 극대화하려고 한다.
> - "이것은 투자인가? 투기인가?"
> 2. 시장 환경이 점점 좋아지고 있고 대세 상승이 예상된다. 이번에는 정말로 한몫 잡고야 말 것이다. 나는 있는 돈, 없는 돈 전부 끌어 모아서 투자를 감행한다.
> - "이것은 투자인가? 투기인가?"

둘 다 투기라는 사실은 다들 알고 있을 것이다. 우량한 기업을 알아보는 안목이 있고 시장의 대세를 판단하는 능력을 갖췄더라도 투기의 유혹을 모두 피한 것은 아니다. 좋은 투자 여건이나 투자 대상을 잘 알고 있어도 투자와 투기를 구별하지 못하면 결국엔 투기의 마력에 빠져 실패하고 만다.

코스피가 2000포인트를 상회한 2007년 8월, 현대중공업 주식은 50만 원을 돌파했다. 울산에 사는 나는 주변의 현대중공업 사원들로부터 떼돈을 벌었다는 이야기를 심심치 않게 들었다. 과거 현대중공업 주식이 1~2만 원 하던 때 회사에서 월급 대신 주식을 배분한 적이 있었다. 그런데 재미난 것은 그것으로 부자가 된 사원들은 주식을 어떻게 파는지를 몰라서 그냥 들고 있었을 뿐이라는 것이다.

이를 통해 우리는 무엇을 생각해야 하는가? 주식투자에서 진정 알고 싶어해야 하는 것은 무엇인가? 시장의 환경? 기업의 전망? 기업의 정보? 뉴스와 소문? 투자비법? 동물적 감각? 투자와 투기를 구분하지 못하면 다 소용없는 일이다.

갖가지 투자의 방법을 공부하기 전에 투자주체인 자신이 투자와 투기를 구분할 수 있는 철학을 가지고 있어야 한다. 굳이 '철학'이라고까지 부르는 이유는 도무지 무엇이 투자이고 투기인지 구별할 방법이 없기 때문이다. '투자는 무엇이다' '투기는 무엇이다' 라고 딱 잘라 정의하고 싶지만, 그것은 결국 내 생각을 남에게 강요하는 것밖에 되지 않는다. 직접 경험하고 책을 통해 배우며 깊은 고민을 통해 스스로 자신만의 기준을 만들어내야 한다. 투자방법은 각양각색이고 투기방법 또한 셀 수 없이 많다. 시장상황은 날마다 변하고 사람마다 투자환경도 다르다. 가치관이 다른 상황에서 투자에 관한 정의를 내린다 한들 공감할 수 없는 교과서적 문장이 될 뿐이다. 투자와 투기는 스스로 결정하고 판단해 구분해야 한다. 그것이 주식투자의 위험을 한 단계 감소시킬 수 있는 결정적 요인이다.

이와 관련해 한 가지만 더 언급하고 싶다. 만약 자신이 하는 행동에 최선을 다하고 있고 진지하고 진실하다면 어떨까? 사실상 투자와 투기를 구분하기란 어려운 문제이기 때문에 많은 사람들이 이러한 관점, 즉 행위자의 진정성으로 판단을 하고자 하는 경향이 있다. 그렇지만 이것은 절대 빠져서는 안 될 함정의 하나일 뿐이다. 투기를 하는 모든 사람은 그 상황에 누구보다 진지하다!

지금까지 이야기한 '투자'와 '투기'를 구분해야 한다는 문제는 행위 이전의 과제다. 그것을 구분하지 못한 상황에서 매매방법을 공부하고 비법을 배운다고 해도 결국은 투자 대상을 투기 대상으로 변질시키기 때문이다. 해야 할 숙제를 마치지 않는다면 비법을 많이 알고 있을수록 더 큰 고통을 겪게 될 것이다.

05.. 시장을 '이용'할 수 있는 내공이 필요하다

'투자는 과학과 예술의 결합이다'라는 말이 있다.

먼저 과학적 투자에 대해 생각해보자. 각종 학문은 이론을 명쾌하게 드러내기 위해서 수치로 설명하는 것을 선호한다. 숫자는 객관적이기 때문이다. 특히 경제학과 투자학 이론의 많은 부분이 숫자로 표현된다. 그리고 우리는 숫자와 통계를 공부하고, 이를 통해 많은 것을 이해한다. 각 나라의 GDP 성장률, 올해의 무역지수, 기업의 재무제표 등 경제는 마치 숫자로 이루어진 듯이 보이고, 우리는 그 숫자의 의미를 파악하기 위해 노력한다. 사실 숫자는 경제라는 막연한 분야를 바라보는 데 적절한 기준을 마련해준다. 하지만 숫자만 가지고 투자를 할 수 있을까?

기업투자의 핵심은 미래의 수익을 가늠하는 일이다. 그런데 숫자는 과거와 현재의 수치를 말해줄 뿐이다. 과거와 현재를 바탕으로 미래를 도출할 수 있지만 그것은 어디까지나 가정에 지나지 않는다. 주식투자의 가장 핵심적인 요소는 바로 '기업의 미래 수익'이다. 과거와 현재의 수치로 과연 미래를 얼마나 정확하게 추론할 수 있을까? 또는 극단적으로 볼 때 현재의 수치는 진실을 말하고 있는 것일까? 통계치는 적절한 것일까? 사실 이것조차도 굉장한 의문의 소지가 있다. 어떤 권위나 지위를 이용해서 숫자를 조작했을 가능성은 없는지 비판적으로 검토해야 한다.

그렇다고 해서 경제학적으로 수학을 무시하는 태도 또한 올바르지 않다. 모든 이론은 부족하나마 이론화되고 체계화되어야 하기 때문이다. 그렇게 해야 그전의 연구를 바탕으로 지식의 상아탑을 쌓아갈 수 있다. 또한 객관적이고 사실적인 논리를 이끌어내려고 수학을 이용하는 것은 필연적이다. 다만 그 수학을 무조건 신봉해서 투자하면 큰 어려움에 빠질 수 있다는 점을 명심해야 한다. 투자에서 과학이란 '수치를 통해 미래를 예측하려는 시도'인데, 투자에서 수치를 어디까지 적용시켜야 할지는 우리가 풀어야 할 문제다.

또한 투자는 예술의 과정이기도 하다. 투자 대상을 인간의 관점에서 바라봐야 하기 때문이다. 우리에게 '금'이 '금'일 수 있는 이유는 우리가 '금'이라 부르고 귀하다 생각하기 때문이다. 금은 스스로 귀하다고 말하지 않는다. 땅속 깊은 곳에 묻혀 있는 금을 채굴한 뒤 막대 모양으로 만들어 '골드바'라고 부르며 그것에 가치를 부여하는 주체는 인간이다.

투자할 때 우리는 자연 그대로의 것을 바라보지 않는다. 인간의 창조성과 힘이 가해져 변형될 수 있는 대상이 투자 대상이 된다. 그 과정에서 가치가 만들어지기 때문에 다분히 인간중심적이다. 그래서 투자에는 예술적인 행위가 포함된다. 가치와 의미를 부여할 대상을 정하는 데에도 인간이라는 주체가 개입한다.

그런데 예술을 투자에 접목시키는 과정에서 우리는 극도의 스트레스를 받는다. 우리가 사물을 바라보는 태도나 관점이 일관되지 않기 때문이다. 국제관계에서 어제의 우방이 오늘의 적군이 될 수 있는 것처럼 한때 보물처럼 떠받들어지던 것이 어느 순간 쓰레기로 변할 수도 있다.

'투자는 과학과 예술의 결합이다'라는 말은 곧 '과학적이고 예술적인 투자를 하라'는 주문이라고 하겠다. 얼핏 듣기에는 굉장히 의미심장하고 그럴듯하지만 너무나 추상적이다. 과학적 투자란 숫자를 통한 분석과 예측을 말하는 것이라고 했다. 그런데 끊임없이 변화하는 인간의 행동이나 결과를 얼마나 정확하게 나타낼 수 있으며, 그것을 바탕으로 미래의 행동이나 결과를 얼마나 예측할 수 있을 것인가. 또한 '예술적 투자'란 인간의 관점에 따라 대상의 가치를 평가하는 것인데 그 기준을 어떻게 정해야 하는지 알 수 없다. 모두의 가치와 기호 그리고 감정의 기준을 어떻게 일괄적으로 정할 수 있는가? 받아들이는 이에 따라서는 결국 '동물적 감각으로 투자해라!' '묻지마 투자를 해라!'라고도 들릴 수 있다. 주식시장은 과학적이지만 숫자만으로는 충분하지 않고, 예술적이지만 가치에 대한 판단이 지나치게 개인적이어서 혼란스럽기만 하다.

하지만 시장에 참여하는 이들 중 누구도 시장을 이길 수 없는 반면 시장을 이용해서 부자가 될 수는 있다. 투자를 할 때 수많은 생각을 통해 '철학'을 만들고 '기준'을 만들어나갈 때 시장을 내게 유리하게끔 이용할 수 있게 된다. 방법이나 기술 따위는 처음부터 존재하지 않는다. 만약 있다고 해도 그 기술이나 방법이 들어맞는 시기는 한때뿐이다. 투자에 대한 철학이 없다면 주식시장은 노력하면 할수록, 알면 알수록 혼란스럽기만 할 것이다.

돈, 쫓지 말고
다스려야 한다

투자를 할 때 내가 원하는 것이 무엇인지 기본적인 물음을 가지고 이성과 냉정함을 찾는다면 우리의 마음을 수시로 파고드는 희망, 행복, 기쁨 그리고 그와 동시에 절망, 두려움, 좌절감이라는 감정에 지배당하지 않는 투자의 세계를 경험할 수 있을 것이다.

01.. 돈은 사랑과 두려움의 대상

　우리는 어렸을 때부터 혹은 걸음마를 시작할 때부터 절약에 대해 교육받는다. "보지 않는 TV는 꺼라" "음식을 남기지 마라" "필요 없는 물건은 사지 마라" 날이면 날마다 이런 말을 귀에 못이 박히도록 들으면서 자란다. 그리고 이러한 절약교육은 "돈 귀한 줄 알아라!" "돈을 아껴 써라!"로 마무리된다. "용돈을 왜 이것밖에 못 썼느냐?" "집에 돈이 너무 많으니 나가서 아무 데나 좀 쓰고 와라"와 같은 꿈 같은 잔소리는 들을 수가 없다.

　어렸을 때는 부모님이 이렇게 말씀하신다. "넌 아무 걱정 하지 말고 공부에만 전념해라!" "우리 자식이 공부만 잘하면 세상에 부러울 것이 없겠다!" 하지만 이 바람은 나이가 들면서 "힘들게 공부시켰더니 취직도 못 한다"라는 구박으로 바뀌기 십상이다.

직설적으로 말하면 열심히 공부하는 과정 자체가 목적이 아니라 돈이 목적이었던 것이다. 결국 '자라서 훌륭한 사람이 되라'는 말은 '자라서 돈 많이 벌어라'는 말과 동의어가 되어버린다.

가슴 아프지만 이것이 현실이다. 더 슬프게 말하자면, 어쩌면 우리는 돈을 위해 태어난 것일 수도 있다. 돈은 우리를 평생 따라다닌다. 태어나서 죽을 때까지, 죽는 순간까지도 돈을 생각한다. 돈은 자본주의 시스템에서 살아가는 우리에게 너무나 강력한 존재이다. 아니, '강력한 존재'라는 표현으로는 부족한 것 같다. 돈은 하나의 신앙이다. 우리는 태어나면서부터 죽을 때까지 절대적인 권력을 지닌 돈을 숭배하고 돈을 위해 일생을 헌신한다.

> '돈 님'은 나의 목자이시니 내게 부족함이 없으리로다.
> '돈 님'이 나를 푸른 초장에 누이시며 쉴 만한 물가로 인도하시도다.
> 내가 사망의 음침한 골짜기로 다닐지라도 해를 두려워하지 않을 것은 '돈 님'께서 나와 함께하심이라.
> '돈 님'이 내 곁에 있으므로 나의 평생에 선하심과 인자하심이 정녕 나를 따르리니 내가 '돈 님'의 집에 영원히 거하리로다.
> …….

이 패러디에 쓴웃음이 지어지는가? 하지만 누구도 부정할 수는 없을 것이다. 돈은 우리에게 사랑의 대상이고 동경의 대상이 되어 버렸다. 우리는 돈을 좇아 산다. 사랑하면서도 두려운 존재인 '돈 님'. 지금의 세상은 그분만 있으면 삶이 기쁨이 되고 행복이 되고 천국이 되며, 그분이 없으면 고통이 되고 지옥이 되어버린다. 모든 일이 '돈 님'으로 말미암아 생겨나고 '돈 님'으로 말미암아 마무리된다.

비약이 심할 수도 있지만, 아무튼 주식투자는 이런 '돈 님'을 직접 다루는 일이다. 보통 투자자들은 안전한 포트폴리오의 정석으로 통하는 자산배분 비율, 즉 3 : 3 : 3 : 1(부동산:채권:주식:현금)의 비율을 지킬 만큼 큰돈을 갖고 있지 못하다. 그래서 주식시장에 들어온 투자자들을 보면 대부분 가진 현금자산 전부를 주식 하나에 쏟아 붓는다.

그런데 다른 투자 대상과 달리 주식은 투자 결과가 끊임없이 변한다. 단적인 예로 부동산과 비교해볼 수 있다. 부동산 시세도 오르내리기는 하지만 주식처럼 매일, 심지어 초 단위로 급변하지는 않는다. 더욱이 주식투자 결과는 자신의 계좌를 들여다보기만 하면 실시간으로 알 수 있다. 얼마 전까지 수익이었는데 어느새 손실로 바뀌어 온통 파란색만 난무한다면 아무 감정 없이 그 계좌를 바라볼 수 있을까? 당연히 감정에 휘둘려 자제력을 잃게 된다. 돈을 다루는 것 자체가 어떻게 보면 인간의 본성을 뛰어넘는 일이기도 하다.

　단순한 인과관계로만 따지자면 경제학을 공부한 박사나 교수들, 논리로 무장된 애널리스트며 펀드매니저들이 주식시장에서 큰 수익을 올리는 게 옳다. 그렇지만 역사적으로 학자나 이론가들이 시장에서 성공한 사례는 그다지 발견되지 않는다. 오히려 그 반대 사례는 쉽게 찾아볼 수 있다. 가장 널리 알려진 것으로는 금융 천재들의 실패로 불리는 롱텀캐피털 매니지먼트가 있다. 각 분야 내로라하는 천재들과 첨단 컴퓨터로 무장한 이들 집단이 파산한 이유도 넓게 보면 시장이 이성적으로 움직이지만은 않기 때문이다.

　돈을 뒤쫓아가느라 헐떡이지 않고 다스릴 수 있는 능력을 갖추기 위해서는 수많은 직접경험과 간접경험이 필요하다. 주식매매를 하면서 망해보지 않고 성공한다면 그것은 진정한 성공이 아니다. 어쩌면 잠재적으로 더 큰 손실의 덫을 안고 가는 셈이라고도 할 수 있다.
　실패 없는 성공은 자만심을 갖게 만들고, 자만심은 욕망을 일으키며, 욕망은 미래에 대한 근거 없는 낙관과 확신으로 변화한다. 주가가 올라갈 때 사람들은 항상 본능적으로 주식을 가장 많이 보유하는데, 이들이 밑도 끝도 없는 자신감으로 가득 차게 되는 때는 아이러니하게도 주가가 최고점에 이르렀을 때다. 이제 새로운 시대가 열렸으니 과거와 다르다는 논리, 더 가파른 상승을 하리라는 확신에 찬 예언이 만연하게 된다.

이것이 바로 주가가 가치와 상관없이 상승하는 원리다. 주가가 올라갈 때는 주식을 못 사서 다들 안달하며, 일단 수익이 나기 시작하면 적금을 깨서 추가매수한다. 거기서 더 수익이 나면 미수를 쓰고 신용까지 사용한다. 이 정도면 속된 말로 '뵈는 게 없어지기' 때문에 고점이므로 조심해야 한다는 말 따위는 내 알 바 아니게 된다.

상승장이 계속되면 찬란한 희망과 '돈 님'에 대한 축복만 가득한 상황이 된다. 여기저기 무용담이 늘기 시작한다. 얼마로 얼마를 벌었다는 식의 약간만 분석해도 앞뒤가 맞지 않는 과장 심한 무용담들이 입을 통해 인터넷 포털을 통해 더 과장되고 부풀려 떠돌아다닌다. 이런 소문을 접한 사람 중에 '그건 논리적으로 불가능해!'라는 반론을 하는 이도 있겠지만 흥분한 이들의 귀에는 가 닿지 못한다. 모두들 '나라고 왜 못 벌어?'라는 오기와 돈 버는 데 뒤처지면 안 된다는 초조감을 느낀다.

그래도 어느 순간에는 '아니야! 저렇게 위험하게 투자하다가 결국 망할 거야' '난 합리적이니까 저렇게 투자할 수 없어'라고 마음을 추슬러보기도 할 것이다. 하지만 막상 돈 번 친구나 소문의 주인공이 큰 집으로 이사 가고 차도 바꿨다는 걸 알게 되면 속이 쓰리고 배가 아프고 잠도 오지 않는다. 이성이 마비되면서 '아, 그때 과감하게 매수했어야 했는데. 역시 용기 있는 자만이 미인을 얻는

군. 난 너무 소심해. 이러다간 정말 인생의 패배자가 될 거야'라는 자책이 든다. 그 뒤로는 이성적 판단을 소심한 생각으로 치부해버린다. '이것저것 다 따지고 돈은 언제 버나?'라는 자세로 바뀌어버리는 것이다.

이것이 바로 주가가 가치 이상으로 상승하는 이유다. 그런 오기와 초조감으로 매수세가 몰리는 시점에서 주가는 서서히 하락으로 방향을 바꾼다. 여기에는 예외가 있을 수 없다. 자동차에 기름이 떨어지면 언젠가는 시동이 꺼지고 말듯이 동력이 다한 주가는 상승을 멈출 수밖에 없다. 대신 주가는 자동차와 달리 그 자리에 멈춰 있지 않고 하락으로 방향을 잡는다. 투자 대상의 가치를 묻지 않고 흥분해서 뛰어들었던 노름꾼들은 순식간에 투자금을 날리고 만다.

그렇게 망하고 나서야 자신의 행동이 얼마나 미련스러웠는지 깨닫는다. 하지만 안타까운 건 자신의 어리석음을 죽도록 자책하고 후회했으면서도 그 상황이 되면 또다시 같은 행동을 반복한다는 것이다. 이게 바로 돈의 마력이다. 돈은 인간의 이성을 마비시킨다. 유혹을 이기고 마력에서 벗어나는 것은 너무나도 힘든 일이다.

그 이유는 우리 모두가 돈을 사랑하기 때문이다. 동시에 돈을 무서워하기 때문이다. 사랑의 대상이자 두려움의 대상을 이성적으로 대할 수 있는 사람은 없다. 아무리 부정하려고 해도 그것은 사실이다. 때문에 아무리 발버둥쳐도 우리는 돈을 이길 수 없다.

'돈은 무엇인가?' '돈은 나에게 어떤 의미인가?' 아직까지 한 번도 자신에게 그런 질문을 던진 적이 없다면, 지금 당장 책을 덮고 가만히 자문해보길 바란다.

투자를 할 때 내가 원하는 것은 무엇인지 기본적인 물음을 가지고 이성과 냉정함을 찾는다면 우리의 마음을 수시로 파고드는 희망, 행복, 기쁨 그리고 그와 동시에 절망, 두려움, 좌절감이라는 감정에 지배당하지 않는 투자의 세계를 경험할 수 있을 것이다.

02. 절대적인 '돈'의 실체

 돈이란 무엇일까? 참 어려운 문제다. 돈에 대한 철학을 갖추기 위해서는 전체 체제를 이해하는 통찰력이 필수다. 돈에 대한 철학이 있다는 것은 자본주의 시스템 자체를 꿰뚫고 있다는 것과 같은 의미이기 때문이다.

 우선 진지하게 돈한테 물어보자. "돈아, 너는 무엇이냐? 너는 무엇이기에 평생 내 삶을 좌우하고, 나의 사랑과 두려움의 대상이 되느냐? 너 때문에 미치겠다. 너를 그토록 사랑하는데 항상 곁에 있는 듯하면서 도망쳐버리는 이유가 무엇이냐? 너 없으면 못 살겠다. 너 없는 인생은 상상도 하기 싫다."

 넋두리처럼 들릴 수도 있고 우스꽝스러워 보일 수도 있지만 실제로 해보기 바란다. 아무도 없는 곳에서 이 정도 일인 퍼포먼스

쯤 해볼 만하지 않겠는가?

나는 실제로 그렇게 해봤다. 주식시장에서 수도 없이 당하고 반미쳐 있을 때 정말 미친 척하고 돈과 이야기를 나눠봤다. 그런데 깜짝 놀랐다. 내가 이야기를 나누고 있는 상대는 세종대왕님이 그려져 있는 그냥 종이였기 때문이다. 뭔가 이상했다. 늘 머릿속에서 생각하던 그런 사랑과 두려움의 존재가 아니라, 그냥 '종이'였을 뿐이다. 너무 조금이어서 그런가 싶어 통장에 있는 돈을 다 찾아서 돈다발을 쌓아봤다. 좀 많으면 달라질지 모른다고 생각해서 내가 가진 돈이란 돈은 모두 쌓아봤지만……. 황당했다. 역시나 종이뭉치였을 뿐, 내가 관념적으로 느끼던 애정이나 두려움은 조금도 배어나오지 않았다.

너무나 당연한 것 아니냐고, 그걸 꼭 해봐야 아느냐고 말하지 말고 당신도 실제로 한번 해보기 바란다. 잠깐이면 돈의 실체를 직접 알게 된다. '돈은 그냥 종이다'라는 사실을 말이다. 돈 자체는 단지 종이일 뿐이다.

마르크스는 이성을 통해 신의 현존을 증명하려는 사람들을 비웃으며, 그 시도가 헛된 이유를 화폐의 비유를 통해 설명했다. "지폐의 사용법이 알려지지 않은 곳에서 당신의 지폐를 사용해보라. 당신은 웃음거리가 될 것이다. 그것은 다른 신을 숭배하는 나라에 당신의 신을 데려가는 것과 같다." 신을 존재케 하는 것은 이성이 아니라 믿음이다. 따라서 이성을 통해 신의 현존을 증명하려는 시도는 오히려 신을 통해 이성의 부재를 증명하게 될 것이다. 화폐 또한 그렇다.

자본주의 체제의 핵심은 종잇조각에 불과한 돈에 가치를 불어넣고 그것을 신앙화하는 것에 있다. 그리고 이러한 신앙에 따라 인류는 돈을 귀하게 여기고 많이 소유하려는 공동의 목표로 효율적이고도 능동적으로 움직인다. 또한 돈을 효율적이고 생산적으로 사용하기 위해 모두가 온 힘을 다한다.

이 덕분에 인류는 급속도로 발전하고 눈부신 문명을 이룰 수 있다. 돈은 숫자로 나타낼 수 있으며 자본주의 세계 속에서 인간의 모든 행동은 돈으로 치환된다. 예를 들어 어떤 집에 사는지, 어떤 옷을 입는지, 어떤 음식을 먹는지, 어떤 차를 타고 다니는지, 어떤 일을 해서 임금을 받는지 등의 모든 활동을 돈으로 계산할 수 있다.

그리고 수입에 맞춰 버는 돈을 계획적으로 쓰면서 생활하는 사람을 경제적인 사람이라고 한다. 반대로 자신이 버는 돈보다 많이 쓰는 사람을 비경제적인 사람이라고 하며 비난하기도 한다. 또한 자원을 효율적으로 활용하는지 비효율적으로 활용하는지, 개개인의 행동에 대해 기회비용을 따져가며 더하거나 빼거나 곱하거나 나누어서 계산해댄다. 이와 같은 수학적 사칙연산은 범위를 확장시켜 어떤 공동체나 기업, 더 넓게는 국가의 행위에 대해서도 적용된다.

이런 원리를 알고 나자 세상이 다르게 보였다. 눈에 보이는 모든 사물이 숫자로 보였다. 마치 영화 〈매트릭스〉의 네오가 된 듯한 기분이랄까? 건물을 볼 때 저 건물은 임대료가 얼마이고 그중에서 관리비와 세금은 얼마인지를 따지는 버릇이 생겼다. 차를 볼 때도 저 차는 가격이 얼마이고 세금 대비 효율성은 어떤지를, 길가의 가로수를 봐도 저건 얼마인지를 추측하는 등 세상이 온통 숫자로 보였다. 그리고 실제로 세상에 존재하는 대부분의 사물이 숫자로 대입될 수 있다는 사실에 놀랐다.

'이게 자본주의 체제구나……' 하는 감탄이 절로 나왔다. 이런 체제 안에서 숫자는 소중하다. 한정된 자원을 숫자를 통해 더욱 능동적이고 효율적으로 이용해야 하기 때문이다. 만약 숫자가 가치 없는 것이 된다면 자본주의 체제 자체도 붕괴해버릴 것이다. 여기서 '숫자'의 의미는 바로 '돈'이다. 자본주의 체제에서는 인간의 모든 활동과 재화, 용역, 서비스 등이 숫자로 대입되기 때문에 돈으로 모든 것을 지배하고 통제할 수 있다. 간단하게 말하면 돈으로 못 할 것이 없다.

그래서 자본주의 체세에서 살아가는 우리는 돈을 무엇보다 소중히 여겨야 하고 신봉해야 한다. 그렇게 해야만 우리가 살아가는 이 체제가 유지되기 때문이다. 다시 말해 돈에 가치를 불어넣는 일, 돈에 절대적인 신앙심을 부여하는 일, 이것이 자본주의 체제의 출발점이 된다.

그렇지만 어떤 대상에 인위적으로 가치를 부여하여 사람들 모두가 신봉하게 만드는 일이 과연 가능하기는 한 것일까? 상상을 초월할 정도로 어려운 게 아닐까? 이런 의문을 갖는 사람은 나만이 아닐 것이다. 그렇지만 결론적으로 말해서 돈에 관한 한 가능하다. 바로 국가의 권력기관과 경제학자, 기업가, 은행가, 기타 학자 등 수많은 사람이 돈에 가치를 부여하기 위해서 끊임없이 노력하기 때문이다. 종이에 불과한 돈에 절대적인 가치를 부여하기 위해서 많은 경제학자가 뜬눈으로 밤을 새우며 연구를 지속하고 있다. 과학자가 미래 세계를 위해 존재한다면, 경제학자들은 현실 세계를 유지하는 데 절대적인 역할을 하는 셈이다. 다시 말해 그런 노력을 통해 자본주의 체제가 유지된다.

때문에 권력기관이나 경제학자들이 끊임없이 가치를 부여하지 않으면 사람들의 신앙심은 순식간에 사그라들고 만다. 그런데 사실 아무리 머리가 깨지도록 연구해서 가치를 부여하고 신앙심을 불어넣기 위해 노력해도 돈은 계속해서 가치를 잃어간다. 흔히 말하는 '인플레이션' 현상이다. 시간이 지날수록 돈의 가치가 하락하는 상태, 즉 시간이 지날수록 같은 돈으로 교환할 수 있는 물건의 비율이 떨어지는 것 말이다.

숫자로 이루어진 자본주의 체제는 수학을 통해 인간의 활동을 효율적이고 생산적으로 만든다. 수학적으로 계산할 수 있다는 것은 모든 활동을 체계화, 객관화시킬 수 있다는 것을 뜻한다. 그리고 인류는 이 사칙연산에 의해 만들어진 객관적인 목표를 향해 전속력으로 달려왔다. 끊임없이 신제품을 생산하고 과거에 비해 상상할 수 없을 정도의 속도로 발전하여 풍요롭고 윤택한 문명을 이뤘다.

이렇게 재화와 용역은 발전을 거듭해가지만 계속되는 인플레이션은 물건과 바꾸기 위해 더 많은 돈을 요구한다. 바로 그 때문에 돈을 더 많이 자유롭게 찍어내고자 금본위제가 폐지되었고 현재의 신용화폐 제도가 만들어진 것이다. 이 이야기는 5장에서 본격적으로 다루도록 하겠다.

03.. 돈을 통해 자본주의를 통찰하다

어떻게 해서 이런 종잇조각에 불과한 돈을 가치가 있다고 믿게 되었을까?

단순하게 어렸을 때부터 "돈 귀한 줄 알아라!" "돈 좀 아껴 써라!"고 귀에 못이 박히도록 들어왔기 때문에 세뇌가 된 것일지도 모르고, 남들도 다 돈을 좋아하기 때문일지도 모른다.

하지만 우리는 바보가 아니다. 조금만 생각해보면 '돈은 종잇조각일 뿐'이라는 사실을 금방 알 수 있다. 그러면 "이런 종이쪼가리는 필요 없다. 난 물물교환을 원한다. 가치 있는 물건을 달라!" 누구라도 대번에 이렇게 나올 것이다. 그러나 여전히 돈을 소중하게 생각한다. 그것은 '물건'이 아니라 '돈'을 가지고 있으면 실질적인 보상이 따르기 때문이다.

돈에 가치를 불어넣고 실질적 보상을 부여하는 장치는 바로 '금리'다. '국가에서 보증하는 화폐'인 돈을 가지고 있으면 가지고 있는 기간에 따라 이자를 준다는 것이다.

이렇게 돈은 본질적으로 갖고 있으면 저절로 늘어날 것이라고 믿는 데서 가치가 생긴다. 직설적으로 현재 피상적인 돈의 가치는 금리에 의해서 결정된다. 돈 가치의 생명은 바로 금리다. 예를 들어 1,000만 원을 갖고 있을 때 1년 금리가 4%라면, 1년 뒤에 가질 수 있는 돈은 1,040만 원이 된다. 1년 금리가 10%라면 1년 뒤에 가질 수 있는 돈은 1,100만 원이 된다. 어떤 때에 돈이 더 귀해지고 가치가 있게 되는가? 이왕이면 돈을 더 많이 받을 수 있는 금리 10%일 때가 4%일 때보다 더 가치가 있다.

여기서 알 수 있는 사실은 가치란 돈 자체에 있는 것이 아니라 인간에 의해서 인위적으로 결정된다는 점이다. 실질적으로는 종잇조각에 지나지 않는 화폐에 신앙에 버금가는 '감정적 가치'를 불어넣고, 시간이 지나면 더 준다는 '이성적 가치'를 추가해 돈의 가치가 완성된다. 이것이 절대적인 존재인 '돈 님'이 완성되는 과정이다.

종이에 가치를 불어넣어 '돈 님'을 만들어내는 일, 여기서부터 자본주의 체제의 경제 문제가 시작된다. 종이에 가치를 불어넣으려면 감정적인 믿음만으론 부족하다. 이 때문에 돈을 많이 가질수록 그리고 오래 들고 있을수록 이자를 쳐서 돈을 더 준다는, 눈에 보이는 이성적 믿음을 불어넣는다.

하지만 여전히 뭔가가 석연치 않다. 종잇조각 1,000장이 시간이 흘러 금리의 가치가 더해짐으로써 2,000장이 되더라도 그것 역시 단지 종잇조각일 뿐 아닌가? 이것이 '인플레이션'이 발생하는 핵심적인 원인이다. 즉, 시간이 지나면 지날수록 돈은 늘어나지만 필연적으로 그 가치는 떨어지는 모순된 상황이 발생하는 것이다.

종잇조각이나 숫자에 불과한 돈은 그 자체로서는 아무런 의미가 없다. 돈이 증가할수록 그와 바꿀 수 있는 물건이나 재화가 많아지거나 아니면 이전보다 가치 있는 새로운 상품을 살 수 있어야 돈의 가치가 겨우 유지된다. 이것이 자본주의 체제 안에서 살아가는 우리가 고달플 수밖에 없는 근본적인 원인이다.

우리는 자본주의에서 살아가려면 죽기 살기로 일해야 한다. 죽기 살기로 공부하고, 끊임없이 연구하고, 기존의 물건보다 더 비싸게 팔릴 수 있는 무언가를 만들어내고, 기존의 서비스보다 훌륭한 서비스를 제공해서 기존의 가격보다 높은 가격을 매길 수 있어야 한다. 그렇게 해서 무엇이든지 더 비싸게 팔아야만 돈 가치의 하락을 메울 수 있다. 돈은 시간이 지나면서 금리에 의해 저절로 불어나지만 그럼에도 가치가 떨어지는 속도를 따라잡지 못하기 때문이다. 그러므로 죽기 살기로 일을 해야 하고, 일이 없으면 맨땅에 삽질이라도 해야 한다. 정부에서 국고를 투입하여 실업 구제책을 벌이는 이유도 다 이 때문이다. 이렇게 해야만 돈의 가치가 겨우 유지되며, 돈의 가치가 조금이라도 손상되면 경제공황 또는 불경기가 닥친다.

　돈의 가치가 없어진다고 가정해보자. 신앙처럼 섬겼던 돈이 한순간에 진짜 종잇조각이 되어버린다면 어떻게 될까? 그동안 먹을 것 안 먹고, 입을 것 안 입어가며 아끼고 아꼈는데 통장의 돈이 진짜 종이가 되어버린다면? 그동안 돈을 아끼려고 노력한 인생은 송두리째 의미를 상실해버릴 것이다. 돈이 제 역할을 못 한다는 것은, 즉 '가치가 저장된 돈의 기능'이 사라져버렸다는 것은 사람들로 하여금 미래보다는 당장에 먹고 살 생각만 하도록 만들 것이다.

　세상은 어떻게 변할까? 물건이나 음식을 어느 수준까지는 생산할 수 있지만, 그것을 교환할 수 있는 수단이 사라져버려 물물교환을 해야 한다. 물물교환 시장에서는 공급과 수요의 균형을 맞춘다는 것이 쉬운 일이 아니므로 유통의 정체가 일어날 수밖에 없다. 어느 곳에는 곡식이 잔뜩 쌓여 있지만 그와 맞바꿀 만한 물건을 갖지 못한 곳에서는 굶어죽는 사람이 속출할 것이다. 또한 객관적인 사칙연산의 논리로 공정하게 분배하고 일한 만큼의 대가를 가져가는 시스템조차도 무너질 것이다. 좀 과격하게 표현하자면 약탈과 살인이 난무할 것이고, 인간은 더욱더 야만적이고 동물적으로 변해버릴 것이다. 다시 말하자면 돈이 존재하지 않는, 돈이 제 역할과 가치를 부여받지 못한 세상은 생지옥을 방불케 할 것이다.

자본주의 체제의 근본은 '돈'이다. 돈이 가치를 잃어버리면 자본주의 체제 속에서 살아가는 우리는 다 죽는다. 아니면 모두 짐승처럼 살게 될 것이다. '돈'의 가치를 나타내는 숫자는 이성과 본능 속에서 끊임없이 고민하는 인간으로 하여금 이성적 능력이 본능을 이기게끔 하는 절대적인 힘이 된다. 우리는 눈에 보이는 숫자라는 개념을 적용한 돈이 있기 때문에 현재의 고통을 이겨내고 미래를 위해 노력하며, 노력한 만큼 돈으로 보상받을 수 있다는 희망을 품는다. 이것이 돈의 본질이다. 돈의 근원적인 힘은 인간 이성의 힘에 있다. 결론적으로 돈에 대한 믿음은 우리 인간의 이성에 대한 믿음이다.

여기에서 또 다른 문제점이 발생한다. 바로 자본주의가 인간의 이성에 대한 믿음을 기초로 만들어졌다는 사실 그 지점이다. 더 콕 찍어 말하자면, '우리의 이성은 온전한 것인가?'라는 점이다.

이에 대해 이야기해보자. 우리의 이성이 온전하다고 말할 수 있을까? 다들 인정하겠지만 인간의 이성은 불완전하다. 인간의 이성은 감정과의 경계가 모호하며 완벽히 분리될 수도 없다. 우리는 평생에 걸쳐 이성과 본능 간의 싸움을 벌이며 살아간다. 이런 이유 때문에 자본주의는 아직 완성된 체제가 아니고 지금 이 순간에도 끊임없이 발전해나가고 있다. 인류의 이성과 본능 간 끊임없는 대결과 갈등 그리고 희망과 낙관, 절망과 비관으로 자본주의는 하루하루 역사를 이뤄가고 있다.

떼돈을 벌겠다는 우리의 욕망과 본능이 잠시라도 이성을 압도하여 숫자에 의해 미래를 예측하지 않게 되면, 막연한 낙관과 희망에 가득 차게 되며 그에 따라 불가피하게 투기가 발생한다. 그리고 투기의 종착역은 언제나 낙관과 희망의 꿈에서 깨어나 차가운 현실을 바라봐야 하는 그곳이다.

본능이 이성을 이기면 우리가 이룩한 모든 체제는 붕괴되고 순식간에 약탈과 살인, 방화가 난무하게 된다. 그러므로 돈은 돈 자체로서 가치가 있는 것이 아니라 돈에 가치를 부여하는 인간의 이성적 능력이 가치 있는 것이다.

이쯤 해서 "돈이나 벌면 되지 무슨 놈의 개똥철학? 돈 버는 법이나 가르쳐달라고!" 이렇게 외치고 싶은 독자도 있을 것으로 생각한다. 하지만 그 말은 '우리 다 같이 죽자'는 말과 같다. 돈만 벌어들인다는 것은 종잇조각을 한 장이라도 더 가지려 하는 것과 다르지 않기 때문이다. 가치가 동반되지 않는 돈은 의미가 없다. 돈이 의미가 없어지면 자본주의 체제는 결국 무너질 수밖에 없다. '돈의 가치가 사라지고 자본주의 체제가 붕괴된다면'이라는 가정을 해본 것도 다 이 때문이다.

따라서 돈이 진정 의미하는 것이 무엇인지에 대해 반드시 생각해봐야 한다. 그렇게 해야만 돈을 다스릴 수 있는 힘이 생긴다. 돈을 다스린다는 것은 투기로 빠질 수 있는 함정을 극복하고 성공 투자를 향해 나아간다는 의미이다.

가치와 가격을 꿰뚫어보는 내공을 키워라

백화점에 가면 명품관은 뭔가 특별하게 보인다. 가방 하나하나에 남다른 가치를 부여하기 위해서 특수한 조명과 화려한 장식을 갖추고 있다. 일반 매장과는 뭔가 분위기가 다른 것 같다. 점원도 다른 매장보다 예뻐보이는 것 같다. 가방을 대하는 사람들도 뭔가 굉장히 귀한 물건을 대하는 듯한 태도를 보인다. 그렇지만 사실 '희소성'이란 얼마든지 조작할 수 있다. 가방은 가방일 뿐이다. 명품 가방이라고 해서 자기 발로 걸어다니는 것은 아닐 터이다. 기업은 고도의 마케팅 전략과 자금을 동원해 인위적으로 희소성을 만들어낸다.

01. 투자의 기본은 정확한 가치 측정

　자본주의 체제에서 살아가기 위해서는 지갑을 항상 들고 다녀야 한다. 지갑이 없으면 낭패를 보는 경우가 많다. 우리의 생활을 과장해서 말하면 돈을 벌고 쓰는 행위의 연속이라 할 수 있다. 우리는 끊임없이 돈을 재화와 용역으로 바꾸며 살아간다. 그리고 일상생활에서 그 일은 '습관'으로 굳어진다. 일해서 돈을 벌고, 돈을 벌면 그 돈으로 필요한 물건을 산다.

　그리고 이러한 생활 때문에 가치를 돈으로 평가하는 일이 습관이 되어 있다. 뭐든지 숫자로 계산해버리면 간단하기 때문이다. 가치가 있는 것은 +(플러스), 가치가 없는 것은 −(마이너스) 등으로 눈앞에 보이는 사람과 사물, 심지어 눈에 보이지 않는 것까지도 돈으로 계산하려 한다.

하지만 이런 행태를 비난하고 싶지는 않다. 방금 말했듯이 자본주의 체제에서는 모든 행위에 돈이 필요하고, 돈을 쓰는 것이 이미 습관이 되었기 때문이다. 습관이 되어버리면 '왜?'라는 질문은 불필요해진다.

태어나자마자 '돈 아껴 써라!' '돈 귀한 줄 알아라!'라는 말을 귀에 못이 박히게 듣고, 돈을 신앙처럼 여기며, 돈으로 모든 재화와 용역을 교환하면서 살아왔으니 싼 것은 덜 좋은 물건, 비싼 것은 더 좋은 물건으로 인식하는 것은 당연한 일 아니겠는가.

우리는 어떤 대상에 대해 사회의 관습적 강요나 습관으로 굳어진 일종의 편견을 가지게 된다. 때문에 편견으로 한꺼풀 입혀진 상태가 아니라 대상의 본질을 볼 수 있으려면 무엇이 진정한 가치인지에 대해 생각을 해봐야 한다. 어떤 것에 대해 진짜 가치가 있는지 없는지를 판단할 수 있는가?

투자의 기본은 투자 대상의 정확한 가치 측정이다. 가치가 동반되지 않는 투자는 이미 투자가 아니다. 가치를 고려하지 않는 투자는 투자를 가장한 투기일 뿐이다. 올바른 투자자라면 투자를 할 때 투자 대상의 가치를 먼저 측정해야 한다.

나 또한 주식시장에 뛰어들고 몇 년 동안은 무엇을 사면 돈이 될까 하는 생각은 많이 했지만, '무엇에 투자하면 가치가 향상될까?'라는 생각은 해본 적이 없었다. 스스로 생각해봐도 부끄러울 뿐이다. 나 역시 투자를 가장한 투기만 일삼았던 것이다.

'무엇이 진정한 가치인가?'에 대한 질문은 너무나 철학적이다. 어떤 식으로든 쉽사리 결말이 날 수 있는 주제가 아니다.

하지만 아주 간단하게 물과 금으로 예를 들어 설명할 수 있다. 몸에 필수요소인 물은 인간에게 본래 없어서는 안 되는 대상이지만 일상생활에서는 흔한 나머지 본래 가치대로 대접받지 못하고 있다. 대신 금이란 물건은 인간의 몸에 어떤 이로움을 주는 것도 아니지만 단지 물보다 흔하지 않기 때문에 물보다 굉장히 귀하게 여긴다.

과거 부르주아 경제학자들은 이렇게 물었다. "도대체 금에는 어떤 신비한 힘이 있어서 다른 상품들과 교환될 수 있고, 그것들의 가치척도가 될 수 있는 것일까?" 그들은 다른 상품들과 비교함으로써 금의 신비를 밝히고자 했다. 하지만 그들 중 누구도 금 속에서 가치의 원자를 찾지는 못했다. 애당초 가치란 그렇게 발견될 수 있는 게 아니었다. 가치는 한 상품이 다른 상품들과 맺는 '관계'이지 그 상품 안에 담긴 특성이 아니기 때문이다.

02. 비싸기 때문에 명품이다

흔히 가치가 있다고 믿는 것들은 정말 가치가 있는 것일까? 일상생활이 아닌 극단적 상황을 가정해보자.

예컨대 사막 한가운데 비행기가 추락했다고 해보자. 생존자는 다섯 명이다. 뜨거운 태양과 지면의 열기, 죽음의 공포가 엄습하는 상황에서 '물'과 '금' 중 어떤 것이 가치가 있겠는가? 이 상황에서 금을 가지려고 물을 포기하는 사람이 있을까? 누구든 일단 살고 보려 할 것이다. "이 물 다 줄 테니 금 좀 주시오"라고 말하겠는가, "이 금 다 줄 테니 물 좀 주시오"라고 하겠는가? 생명이 위급한 상황이라면 아마도 금덩이는 돌덩이보다 못한 취급을 받을 것이다. 여기서 생각해봐야 할 것은 절대적 가치는 없다는 것이다.

흔히 말하는 가치에서 본원적 가치와 사회적 가치의 차이를 알아야 한다. 본원적 가치를 지닌 것들의 예를 들자면 따뜻함을 주는 태양, 숨 쉴 수 있는 공기, 마실 수 있는 물과 열량을 공급하는 음식 등이 있다. 그것이 없으면 생존 자체가 불가능하다. 하지만 이런 것들은 흔하기 때문에 상대적으로 덜 흔한 것들보다 가치를 인정받지 못한다.

이에 비해 사회적 가치는 수요과 공급의 원리에 따라 희소성에 근거하여 결정된다. 우리에게 금은 귀하다. 하지만 어째서 귀한 것일까? 금은 물보다 흔하지 않기 때문이다. 그리고 우리 모두 금이 귀하다고 믿기 때문은 아닐까? 연금술사를 아는가? 구리를 금으로 바꿀 수 있는 기술을 만들겠다고 연구한 사람들이다. 이들 중 누구도 연금술에 성공하지 못했고 다 망했다. 하지만 구리를 금으로 만들었다고 하더라도 달라질 건 없었을 것이다. 연금술사들은 눈앞에 보이는 가격에만 집착한 것이다. 만약 구리를 금으로 만들 수 있다면 금은 더이상 금이 아니기 때문이다. 금이 차지했던 왕좌는 또 다른 대상에게로 넘어가고 말았을 것이다.

결국 가치는 절대적이지 않다는 얘기다. 모든 것은 인간의 선택에 따라 달라진다. 어떤 것이 귀하고 어떤 것이 가치 있는 것인가? 분명한 것은 본원적 가치는 둘째로 치더라도 경제학적으로 희소성이 없으면 대상의 가치는 사라진다는 점이다.

여기에는 기업도 포함된다. 어떤 기업도 희소성이 없으면 힘을 가질 수 없다. 모든 기업은 발전하고 성장하면서 경쟁이 되는 다른 기업보다 더 희소성을 갖기 위해 노력한다. 그리고 우수한 기업은 희소성의 원리를 이용해서 기업의 이익을 최대화하는 데 아주 능수능란하다. 이러한 희소성이야말로 기업이 만든 상품의 가격을 결정하는 핵심적인 역할을 한다. 희소성의 힘이 약하면 가격은 원가에 맞추어 책정되게 마련이다. 반대로 희소성의 힘이 세면 가격은 수요와 공급이 균형을 이룰 때까지 올라간다.

　기업이 가치와 희소성을 이용하여 최대의 이익을 취하는 대표적인 예로는 흔히 말하는 '명품'을 들 수 있다. 명품 가방은 명품이란 이름에 걸맞게 일반 가방과는 비교도 안 될 정도로 비싸다.
　명품 가방은 뭐가 특별하다는 것일까? 시장에서 파는 3만 원짜리 가방과 300만 원짜리 명품 가방은 어떤 차이가 있기에 가격 차이가 100배나 나는 것일까? 명품 가방은 일반 가방보다 100배나 품질이 우수한 것일까? 가방의 본래 기능인 물건을 담아둔다는 점에서 기능적으로 차이가 있는 것인가? 일반 가방보다 100배나 좋은 가죽과 천을 사용하는 것일까?
　사실 우리는 모두 알고 있다. 기능이나 품질 면에서 명품 가방과 보통 가방은 그렇게까지 차이가 나지 않는다는 것을. 그런데도 '샤넬'이나 '루이뷔통' 가방은 보통 가방과는 달리 아주 비싸다. 여기에서 희소성이 생긴다. 비싸다는 희소성, '이 가방은 비싸서 아무나 가질 수 없다'는 희소성이 생긴다.

간단한 예로, 명품 가방이 가격을 내린다면 그것은 더이상 명품 가방이 아니다. 아무나 가질 수 있기 때문이다. 마치 구리를 금으로 만들 수 있다면 금이 더이상 금이 아닌 것과 같다. 명품 가방이 명품인 이유는 보통 가방보다 훨씬 비싸기 때문이다.

물론 그 희소성을 만들기 위해 회사가 실행하는 수많은 마케팅 전략이 있었을 것이다. 평범한 가방에 멋진 디자인과 회사의 로고를 더해 특별한 가치를 부여한다. '이 가방은 소중하다. 이 가방은 일류 패션 디자이너와 스타들이 들고 다니는 가방이다!' '이 가방은 비싸서 아무나 들고 다닐 수 없다!' '이 가방을 들고 다니면 부자처럼 보일 거다!'라는 이미지를 지속적으로 부각시킨다. 브랜드 네임을 내세운 광고와 프로모션 전략으로 희소성을 만들어내는 것이다.

무한경쟁 시대인 자본주의 체제에서 기업은 다른 기업보다 더 큰 희소성을 지녀야만 경쟁력을 가질 수 있고 수익을 낼 수 있다. 신제품을 개발하고 생산하고 다른 기업과 차별화되는 서비스를 선보여야 한다.

백화점에 가면 명품관은 뭔가 특별하게 보인다. 가방 하나하나에 남다른 가치를 부여하기 위해서 특수한 조명과 화려한 장식을 갖추고 있다. 일반 매장과는 뭔가 분위기가 다른 것 같다. 점원도 다른 매장보다 예뻐(?) 보이는 것 같다. 가방을 대하는 사람들도 뭔가 굉장히 귀한 물건을 대하는 듯한 태도를 보인다. 그렇지만 사실 '희소성'이란 얼마든지 조작할 수 있다. 가방은 가방일 뿐이다. 명품 가방이라고 해서 자기 발로 걸어다니는 것은 아닐 터이다. 기업은 고도의 마케팅 전략과 자금을 동원해 인위적으로 희소성을 만들어낸다.

기업의 이러한 얄팍한 상술 때문에 우리는 살아가면서 자꾸 스트레스를 받는다. 기업은 어떤 식으로든 수익을 내기 위해서 부자들과 가난한 사람들을 고의로 차별한다. 목숨을 걸고 본래 가치와는 상관없이 사회적 가치를 만들어낸다. 바로 그 가치에 의해 기업의 운명이 좌우되기 때문이다.

03.. 기업의 독점과 희소성

'가치'와 '가격'은 일치하지 않지만 '희소성'과 '가격'은 일치한다. 가격을 결정하는 것은 희소성이다. 그렇다면 투자자인 우리는 약간의 실마리를 얻을 수 있다. '희소성이 있는 기업이나 투자 대상을 찾아서 자금을 투입한다면 큰 수익이 나지 않을까?'라고 사고를 발전시킬 수 있다. 희소성이 있는 기업이나 투자 대상을 찾아서 먼저 투자를 하면 거래에서 유리하기 때문이다. 하지만 이 작업이 그렇게 쉽지만은 않다.

희소성이 있을 만한 투자 대상을 찾아내고, 다른 기업보다 더 희소성을 가지는 기업에 먼저 투자할 수 있는 능력을 '통찰력'이라고 부른다. 이러한 통찰력을 가지려면 수많은 경험과 지식이 있어야 한다. 더구나 희소성은 인위적인 조작이 가능하다. 그리고 시대에 따라 변해버리기도 한다. 사물에 어떤 의미를 부여하느냐에 따라 가치가 변화하며, 인류는 계속해서 발전하고 역동적으로 변하기 때문이다. 옛날에는 쌀과 비단이 귀했다. 그리고 자동차도 무척 귀했다. 과거에는 컴퓨터와 휴대전화도 귀했다. 이런 재화가 큰 수익을 주기 때문에 대량생산이 일어나고, 나중에는 과잉공급으로 흔한 것이 되어버린다.

이렇듯 사회적 가치의 희소성은 항상 변화한다. 특히나 요즘 같은 기술 중심의 시대에는 과거와는 비교할 수 없을 정도로 변화의 속도가 빠르다.

인터넷의 보급과 IT산업의 발달로 정보 독점화가 사라지고, 전 세계가 비교우위를 통해 자유롭게 교역하는 세계화시대가 되었다. 소비자의 눈은 높아지고 있으며 기호는 점점 고급화되고 있다. 어제의 1등이 오늘의 1등을 보장하지 않는다. 때문에 기업뿐만 아니라 우리 투자자들의 근심걱정 또한 날로 깊어진다. 어떤 것이 희소성을 띠고 있는지 그리고 어떤 대상이 희소성을 만들어낼지 알아차리려면 광범위한 정보와 지식, 경험이 필요하다.

또한 희소성만 생각하다가는 '희소성을 가지는 것은 무조건 가치가 있다'고 믿어버리는 함정에 빠진다. 희소성이란 가치와 상관없이 수요와 공급의 원리로 이루어진다. 공급보다 수요가 많으면 희소성을 갖는 것이다. 여기서 희소성은 거래적 개념이다. 희소성은 가치가 있기 때문에 생기는 것이 아니라 공급보다 수요가 많기 때문에 생기는 것이다.

하지만 인간의 생존에 필수적인 본원적 가치를 지닌 대상은 거래의 개념을 뛰어넘어 모두가 공유해야 한다. 본원 가치가 설령 희소성을 띠더라도 그것은 거래의 개념을 뛰어넘어야 한다. 그것은 다른 사람들의 목숨을 담보로 돈벌이를 하겠다는 비열한 짓이기 때문이다.

예를 들고자 다시 일상생활이 아닌 극단적 상황을 가정해보겠다.

사막 한가운데 비행기가 또 추락했다고 해보자. 역시 생존자는 다섯 명이며 그중 한 사람이 '물'과 '음식'을 독점하고 있다고 가정해보자. 나머지 네 명은 물과 음식이 없다. 물과 음식을 독점한 사람은 다른 생존자들에게 나눠줄 생각이 전혀 없다. 이렇게 되면 살기 위해 나머지 네 명은 그에게 말할 것이다. "내가 가진 돈과 금을 다 주겠소. 물과 음식을 나눠주시오."

하지만 물과 음식을 가진 사람은 그 제안에 만족하지 않고 더 많은 대가를 요구하며 거래를 하려고 한다. 지금 갖고 있는 것을 몽땅 내놓을 뿐 아니라 구조된 뒤 모든 재산을 넘기겠다고 약속해야 물과 음식을 나눠주겠다는 것이다. 너무나 혹독한 짓이라고밖에 할 수 없다. 나머지 네 명은 당장 이곳에서 살아남더라도 결국 빈털터리가 되어야 한다는 사실에 선뜻 답변을 하지 못한다. 그 후의 상황은 어떨 것 같은가?

생존과 직결되는 대상이 거래의 대상이 되어버린 셈인데, 실상 처한 입장이 너무나 다르기 때문에 거래라고도 부를 수 없는 상황이다. 이럴 때 나머지 네 명은 돈과 금을 들고 목이 타도 참고, 배가 고파도 견디다가 굶어죽을 것 같은가? 조금만 상상력을 발휘해 봐도 싸움이 일어날 것임을 알 것이다. 그때부터는 거래의 개념이 사라진다. 나머지 네 명이 자비로운 사람이라면 독점한 사람을 흠씬 패주고 물과 음식을 같이 나눠 먹을 것이다. 하지만 극한의 상황에서 생명을 위협받은 사람들은 그 정도로 끝내지 않을 수도 있다. 극도로 화가 나 포악해진 나머지 독점하려드는 그 사람을 모래언덕에 파묻어버릴 수도 있을 것이다.

본원적 가치가 거래 개념으로서의 희소성을 지닐 때는, 결국 어느 한쪽의 이익이나 어느 한쪽의 손해인 개념이 아니라 모두 인간이길 포기하는 상태에 이르게 된다.

그래서 본원적 가치와 사회적 가치는 분리시켜야 한다. 인간의 생존과 직접적인 관련이 있는 대상이나 인간으로서 최소한의 삶을 유지하게 하는 기본적인 의식주의 대상은 아무리 희소성을 갖더라도 거래 대상에서 제외해야 한다. 거래 개념을 뛰어넘어 더불어 살아가는 공동체적 삶에서 부자나 가난한 사람이나 모두 똑같은 인간으로서 품위를 유지할 수 있도록 공평하게 재분배하고자 노력해야 한다.

자본주의 체제에서 희소성을 떠올리면 가장 단적으로 생각할 수 있는 것이 독점이다. 독점기업은 희소성의 측면에서 강력한 권력을 가진다. 가격을 얼마든지 마음대로 결정할 수 있기 때문이다. 그러면 투자자는 속 편하게 독점적 권리를 가진 기업에만 투자하면 될까? 그렇지 않다. 자본주의 체제에서의 독점은 시장경쟁논리에 어긋난다. 독점은 자유로운 경쟁을 막고 공정한 게임을 방해하기 때문에 자원을 최대로 활용해야 하는 자본주의적 경쟁체제에 정면으로 위배된다.

그렇다 하더라도 독점적 지위를 가진 회사가 없는 것은 아니다. 구체적인 사례를 보자.

코스피시장에 상장된 기업 중 '한국전력'과 '강원랜드'가 있다. 둘 다 독점권을 갖는 회사이다. 한국전력은 우리나라의 전력 공급을 독점하고 있고, 강원랜드는 국내에서 유일하게 내국인 카지노 영업권을 가지고 있다. 두 회사가 다른 회사와 차별되는 막강한 경쟁력은 무엇보다 독점에 있다. 경쟁 상대가 없어서 가격결정권이 절대적이다.

그런데 한국전력이란 회사는 인간의 기본적인 삶을 유지할 수 있도록 하는 전기를 생산하는 곳이다. 한국전력이 독점적 지위를 이용해 최대 이익을 낼 수 있는 수준으로 전기 가격을 올려버리면 어떻게 되겠는가? 모두가 불행해질 것이다. 부자는 부자대로 전기를 비싸게 사용해야만 하고, 가난한 사람들은 그마저도 아예 쓸 수 없는 상황이 발생할 것이다. 한번 상상해보라. 21세기에 전기가 들어오지 않는 집에서 살아가는 모습을. 모든 전자제품이 작동을 멈추고 굶주림과 추위에 떨게 될 것이다. 대중들은 흥분하여 단체행동에 돌입할 수밖에 없다. 이와 같은 정치적, 사회적 압박으로 말미암아 한국전력 경영진의 최후는 사막에서 물과 음식을 독점하려 했던 사람과 비슷한 상황에 부닥칠 것이다.

가스나 수도, 항공, 의료, 교육 등의 산업은 자본주의 논리로 풀어서는 안 된다. 본원적 가치를 생산하는 산업이나 기업이 시장의 논리를 내세워 수익성을 따질 때 사회는 혼란의 길로 빠져들게 된다. 인간의 필요에 따라 만들어진 대상에 인간이 지배를 당하는 상황이 되고 사회계층 간 대립이 발생하여 서로 등을 돌리게 되며 살인과 약탈이 일어날 것이다.

가끔씩 본원적 가치를 지닌 대상임에도 희소성의 원리를 이용해 이익을 챙기는 기업이나 사람들이 있다. 당장은 그들이 이익을 누리는 것 같겠지만 장기적으로는 결국 대중의 분노를 사거나 비난을 받고 언제 땅에 파묻힐지 모르는 생명의 위협을 느끼며 살아가게 될 것이다.

이런 이유로 본원적 가치를 생산해내는 산업이 희소성을 가진다고 해서 그 산업이 큰 수익이 날 것으로 생각한다면 그것은 엄청난 오산이다. 본원적 가치를 생산해내는 산업은 과도하지 않은 합당한 수익과 확장, 발전만이 있어야 한다. 때문에 이런 산업들은 경기침체기에 관심을 받게 된다. 경기가 침체된다고 해서 가스나 전기, 물 등을 사용하지 않을 수는 없기 때문이다.

또 다른 독점 영업권을 가진 기업으로 강원랜드가 있다. 이 기업은 정부에서 부여한 독점 영업권이 있기 때문에 강력한 희소성을 갖는다. 하지만 이 희소성은 레저나 유흥을 즐기러 가는 사람들에게 한정된다. 순수하게 기호의 문제일 뿐이다. 입장료가 비싸면 안 가면 그만이고 도박을 좋아하지 않는 사람들은 관심도 없는 곳이다.

이곳의 가격결정력은 카지노를 너무 즐기고 싶은 일부 마니아층에 의해서 형성된다. 가끔 놀러가는 관광객이나 일회성 고객들은 강원도 태백까지 가서 입장료가 비싸다고 해서 그냥 돌아오지는 않을 것이기 때문이다. 다른 곳에서는 합법적으로 할 수 없는 도박을 여기서는 아무런 죄의식 없이 마음껏 할 수 있다는 희소성이 강원랜드의 경쟁력이 된다. 하지만 여기에도 문제점이 있다.

강원랜드가 가진 희소성이라는 경쟁력은 정부에 의해서 인위적으로 만들어졌다. 정부가 국내 유일의 카지노라는 영업권을 허가해줬기 때문에 희소성을 띠게 된 것이다. 만약 정부가 어느 날 정책을 바꿔서 국내 카지노 영업권을 여러 곳에 내준다면 강원랜드의 운명은 어떻게 될까? 또는 독점의 희소성을 이용해 강원랜드가 엄청난 돈을 벌었다고 하더라도 정부가 갑자기 세금을 올린다면 어떻게 될까?

자본주의 체제하에서 독점은 경쟁을 가로막기 때문에 지탄받아야 할 대상이다. 자본주의는 정확한 수학적 계산(사칙연산)으로 최대의 효율성과 생산성을 인정받을 수 있을 때만 수익이 정당화될 수 있다. 때문에 독점의 지위를 가진 회사는 독점권에 대한 정당성을 인정받아야 한다. 국가의 기반시설, 사회적 시스템 등의 산업은 수익을 뛰어넘어 운영되어야 한다. 정부는 독점의 권력을 주되 국민이 바라는 대로 적절히 통제해야 한다. 따라서 정부로부터 독점권을 부여받은 회사는 정부 권력이 국민에게서 나온다는 기본적인 사실을 인식해야 한다.

이런 기업은 수익과 성장이 적정한 선에서 이뤄져야 바람직하다. 욕심을 부리면 분명히 여기저기서 비난의 소리가 들려올 것이다. 예를 들어, '한국전력 영업이익 전년 대비 300% 증가' '영업 호조로 성과급 추가 인상' '수도공사 작년 장사 대박!!' 등의 기사가 뜬다고 생각해보자. 대중들은 "회사 정말 운영 잘했네!"라고 할까? 천만에. 국민의 피를 빨아먹었다는 비난의 댓글이 웹기사에 줄을 이을 것이다. 정부에 의한 인위적 독점은 그 자체가 불공정하기 때문에 돈을 벌어도 항상 눈칫밥 먹으면서 조용조용 벌어야 한다.

본원적 가치를 대상으로 사업하는 기업은 규제를 많이 받는다. 그리고 정부의 독점권을 가진 회사는 당연히 희소성이 높지만 그 희소성은 국민들의 합의를 통해 이루어진 것이다. 그런 만큼 돈을 벌어도 적당하게 벌 수 있도록 시장논리가 아니라 인위적인 가격으로 유도해주는 것이 바람직하다.

04.. 희소성을 이용하여 주식 선별하기

본원적 가치를 지닌 재화를 생산하는 기업이 큰 수익을 내는 것은 모두의 손해이다. 한국전력의 주가가 오르면 오를수록 한국전력의 주식을 보유한 이들의 계좌는 불어나지만 전기료 또한 올라가는 것이다. 기호에 따라 선택할 수 있는 것이 아니라 인간의 생활에 필수적인 대상이 장사의 대상이 되면 결국은 모두가 손해를 보게 되고 삶이 고달파진다. 본원적 가치를 지닌 대상을 사업으로 하는 회사는 수익성이 높은 것보다 효율성이 높다는 데 칭찬을 해줘야 한다.

또한 독점적 권력이 정부에 의해서 주어진다면 안정적인 회사라고 생각하기보다는 그 독점의 권력이 과연 어디서 생겨났는지, 왜 권력을 가지게 되었는지에 대해 생각하는 것이 바람직하다. 인위적인 독점권은 언제든지 인위적으로 방해받을 수 있고 조정될 수 있다는 비판적인 사고가 필요하다. 다시 말해 승리하는 투자자가 되려면 인위적으로 받은 독점의 권력보다는 치열한 전쟁터 같은 자본주의 경쟁논리에서 살아남아 희소성을 띠는 기업을 찾아야 한다.

  경쟁의 논리에서 살아남아 희소성을 차지한 기업의 가치는 실로 막강하다. 시장논리에 맞춰 마음껏 가격결정력을 행사할 수 있기 때문이다. 정당한 경쟁에 의해 희소성을 획득했을 때 대중들은 가격이 높다 해서 비난하는 것이 아니라 오히려 열광한다.

  사회적 가치를 가지는 희소성은 자본주의 사회 속에서 다른 기업과의 경쟁우위를 통해 얻어진다. 이러한 희소성의 종류는 정말 다양하다. 가격의 차별화를 비롯하여 품질, 기호, 상징성, 효율성, 생산성 등 사람마다 생김새와 가치관이 다르듯이 기업 또한 기업마다 고유한 희소성을 띠고 그 희소성을 유지하기 위해 온갖 노력을 다한다. 희소성을 띠지 않는 기업은 이미 기업의 존재 가치가 없다고까지 할 수 있다. 이처럼 희소성을 극대화하여 최고의 자리에 오른 기업을 우리는 일등기업 또는 우량기업이라고 한다.

  개인의 기호를 이용해 강력한 희소성을 만든 기업의 예로는 흔히 말하는 명품을 만드는 회사를 들 수 있다. 이런 회사는 상품의 가격이 비싸다는 데서 희소성을 갖는다. '이 로고가 찍힌 물건은 특별하다!' '이 로고가 찍힌 물건은 비싸다!'는 희소성이다. 이 상품의 마니아들은 가격이 내려가길 원하지 않는다. 더 비싸지기를 원한다. 이 상품의 희소성은 '비싸다!'가 핵심이기 때문이다.

또 다른 예로 코카콜라를 들어보자. 코카콜라는 수많은 음료수 가운데 하나지만 '코카콜라가 아니면 진짜 콜라가 아니다'라는 막강한 마케팅 전략을 펼친다. 강력한 브랜드 네임, 세계적인 유통망과 영업망이 코카콜라의 희소성을 만든다. 우리나라 기업을 예로 들면 농심의 신라면, 오리온의 초코파이, 신세계의 이마트 등이 우월한 브랜드 가치, 영업전략, 기호, 가격경쟁력 등을 갖고 있다.

흔히 말하는 일등기업과 우량기업은 어떤 희소성을 가질까? 조금만 생각해본다면 그 기업만의 특별함을 찾을 수 있다. 이 특별함이 희소성이 되어 기업의 가치를 만들어주며 기업 생명의 핵심이 된다. 기업의 가치를 평가할 때 실적이나 안정적인 재무구조 등과 같은 숫자적인 효율성도 중요하지만 기업이 가지는 독창적인 희소성이야말로 기업 가치의 핵심이 된다.

희소성을 찾는 과정에서 투자자들은 여러 난관에 부딪히며 그때마다 스트레스의 강도가 더해진다. 투자가치가 있는 희소성이란 앞서 예로 든 한국전력과 같이 인위적으로 독점권이 부여된 희소성이 아니라 사회적 경쟁에서 살아남은 희소성을 말한다. 그런데 전쟁터 같은 시장경쟁 속에서 획득한 희소성은 영원한 것이 아니다. 그 일등의 자리는 수많은 경쟁자가 눈에 불을 켜고 서로 차지하겠다고 달려드는 곳이다. 정점에서 더 좋은 모습을 보여주지 못하면 내리막길만이 존재할 뿐이다.

　더구나 희소성은 시대의 요구에 따라 끊임없이 변한다. 특히나 현재와 같은 기술 중심의 사회에서는 새로운 기술이 이전의 기술을 완전히 집어삼켜 버리는 형태로도 나타난다. 과거 삐삐는 휴대전화에 밀려 자취를 감추었고, MP3 역시 휴대전화의 기본 옵션 중 하나로 포함되어 순식간에 위기를 맞았다.

　앞으로 희소성을 가질 가능성이 있는 기업의 주식을 우리는 성장주라 하고, 특정 업종에서 희소성을 띠고 꾸준히 안정적으로 수입을 올리는 기업의 주식을 일등주, 우량주라고 부른다. 말장난을 좀 해보자면 경제학적으로 볼 때 가치 있는 것이 희소성을 띠는 것이 아니라 희소성을 띠는 것이 가치가 있는 것이다.

　본원적 가치는 가격으로는 따질 수가 없다. 가격의 논리로 풀어서는 안 되기 때문이다. 그러면 '사회적 가치는 가격으로 정량화시킬 수 있는가?'라는 질문이 제기될 수 있는데 이것 또한 불가능하다는 것을 금방 알게 된다. 사회적 가치를 띠는 희소성은 인위적인 조작이 가능하고 이 역시 시대의 요구에 따라 끊임없이 변화하기 때문이다. 사회적 희소성의 성질은 마치 유행과 비슷하다고도 생각할 수 있다.

　결국 가치와 가격은 표준화시킬 수가 없다. 그래서 우리 투자자들은 오늘도 머리가 아프다. 표준화시킬 수 없는 기업의 희소성에 가격을 매기고 주식을 매수할지 매도할지 결정해야 하기 때문이다.

05.. 혼돈의 주식시장에서 가치 있는 것을 찾는다는 것

"진정한 가치는 무엇인가?"

이 질문을 접하면 우리는 혼란스러워진다. '진정한 사랑은 무엇인가?'라는 질문을 받은 것처럼 너무나 막연하기만 하다. '가치'라는 단어는 늘 접하는 단어지만 함축적이고 상징적이기 때문에 그 의미를 파악하는 것 자체도 어렵다. 그렇지만 이 단어를 건너뛰고 투자를 이야기할 수는 없으니, 우선 '과연 가치는 객관화되고 규격화되고 통일될 수 있을까?'라는 질문을 해보자.

개개인은 살아온 환경과 경험이 다르고 가치관이 다르다. 100명의 학생을 앉혀놓고 '무엇이 진정 가치 있다고 믿으며 살아가는가?'라는 시험 문제를 낸다면 아마도 100가지 답이 나올 것이다. 무엇인가에 '가치가 있다'고 말하는 것은 그 대상에 대해 '진실하면서도 숭고한 믿음(?)'을 가진 것이라고 표현해야 할까? 역시나 어렵다. 이렇게 추상적인 것이 '가치'에 관한 정의다. 가치는 상징적이며 다양한 의미를 함축하고 있을 뿐 아니라 범위가 넓어서 일반적으로 규격화하거나 표준화시킬 수가 없다. 따라서 '어떤 것이 진정한 가치를 가지는가?'라는 물음은 여전히 굉장히 혼란스럽다.

그런데 투자자의 최종 목표는 '가치 있는 것에 투자하는 것'이다. 하지만 그 단어의 정의조차 내리지 못한 상태에서 가치에 투자하려고 하다 보니, 자주 얄팍한 속임수에 넘어가고 도대체 지금 무슨 행동을 하고 있는지조차 잊어버릴 때가 많다.

수많은 투자 전문가들은 기업의 질적 가치, 양적 가치, 내재가치, 상품가치, 브랜드 가치 등등 모든 것에 '가치'라는 단어를 붙여 놓고 가치 있는 것에 투자하라고 말한다. 그러면서도 정작 '가치'가 무엇인지는 아무도 가르쳐주지 않는다.

어떤 사람은 차트의 그림을 보고 가치가 있다 여기고, 어떤 사람은 기업의 상품에서 가치를 찾고, 어떤 사람은 훌륭한 경영진에 가치를 두며, 어떤 사람은 기업의 청산가치에 가치를 매긴다. 또 기업의 프랜차이즈나 브랜드 네임, 영업망과 유통망에 가치가 있다고 여기는 사람도 있다. 이 외에도 마음만 먹으면 수백 가지의 가치를 포함하는 단어를 만들어낼 수 있다.

진정한 가치란 무엇인가에 대해서는 생각을 거듭할수록 혼란스럽기만 하다. 이런 이유로 대부분 '어떤 가치 기준으로 투자하고 있는가?'에 대해서 자신 있게 답하지 못한다. 그도 그럴 것이 가치라는 개념은 시간과 장소, 상황에 따라 얼마든지 변할 수 있기 때문이다.

경기가 침체기일 때는 청산가치가 확실한 안전마진을 가지는 안전성이 높은 기업을 선호하는 반면 활황기에는 성장성이 높은 기업을 선호한다. 또 새로운 기술이 발전하고 이슈가 된다면 그 기술과 관련된 업종이 주목을 받는다. 법인기업이 가진 수많은 가치 요소 중에서 사회의 분위기와 시대적 요구에 따라 매겨지는 가치는 달라진다. 동등한 요소라도 상황에 따라 그 가치를 더 인정받을 수 있고 덜 인정받을 수도 있다. 성실함과 섬세함이 상황에 따라 고지식과 소심함으로 바뀌고, 박력 있음이 상황에 따라 무식함으로 바뀔 수 있는 것과 마찬가지다.

일반 투자자들은 주식시장에 들어서면 계좌에 있는 돈이 오르락내리락하는 걸 보기만 해도 가슴이 터져버릴 지경이 된다. 마음을 다잡고 투자하려고 해도 가치의 기준조차 설정할 수 없으니 그야말로 혼돈 속을 헤매는 것과 다를 바 없다.

투자에 실패해서 자살하는 사람이 유독 많은 투자처가 바로 주식시장이다. 나는 그 심정을 충분히 이해한다. 그 속을 모르는 사람은 '돈 좀 잃었다고 인생이 끝나나?' '돈이야 또 벌면 되지'라고 말하기도 한다. 하지만 주식매매에 손실을 봐서 자살하는 사람에게 근본적인 원인은 결코 돈만은 아니다. 돈을 떠나 이미 이성과 사고가 완전히 마비되어버린 것이다.

수많은 정보와 실시간으로 움직이는 계좌의 손익 그리고 기준을 잡을 수 없는 매매가 이성을 혼돈에 빠뜨리고 뇌의 기능을 완전히 마비시킨다. 끊임없이 변동하는 주가는 순식간에 천국과 지옥을 오가게 만든다. 하루, 이틀, 한 달, 두 달……, 그렇게 6개월 정도 주식 시세를 보면서 매매하다 보면 이성을 잃는 건 시간문제다. 이러한 상황에서 조금이라도 안 좋은 생각을 하면 극도의 스트레스를 받게 되어 자살이라는 극단적 선택을 할 수도 있다. 돈을 잃어서 자살을 선택하는 것이 아니라 이성과 사고기능 자체가 마비된 상태에서 조울증 때문에 돌이킬 수 없는 행동으로 이어지는 것이다.

우리는 모두 투자를 하고 싶어한다. 피땀 흘려 모은 돈을 가지고 투기나 도박을 하자는 것이 결코 아니다. 투기나 도박을 한다고 생각하면 주식매매보다는 차라리 경마나 고스톱, 또는 강원랜드를 찾는 것이 나을 것이다. 피와 땀이 담긴 돈을 투자하고 싶기 때문에 주식매매를 하는 것이다. 그리고 만약 투자라고 생각하지 않는다면 주식매매에 실패한다 하더라도 그렇게까지 속상해하지는 않을 것이다.

하지만 안타깝게도 '투자'를 할 수가 없다. 투자라는 행동에 대한 기준을 도무지 잡을 수 없기 때문이다. 특히나 주식시장에서 가치의 기준은 시대와 상황에 따라 시시각각 변해버린다.

오늘은 금세 내일의 과거가 되고, 오늘의 영광은 내일의 상처가 되어버리는 곳이 주식시장이다. 주식시장은 숫자로 표현된 실물경제의 축소판이며 자본주의 체제의 핵심이다. 자본주의 체제는 완전한 것이 아니며 지금도 끊임없이 성공과 실패를 겪으면서 발전해나가고 있다. 이런 곳에서 투자의 기준을 어떻게 잡는단 말인가? 생각할수록 한숨만 나올 것이다.

하지만 너무 속상해하거나 좌절할 필요는 없다. 이런 고난 중에 우리에게 위안거리가 되는 연구 결과가 있다.

미국의 〈월스트리트저널〉이 재미있는 게임을 벌인 적이 있다. 원숭이 한 마리와 네 명의 펀드매니저, 네 명의 아마추어 투자자가 10개월간 3라운드에 걸쳐 주식투자 수익률 게임을 펼치도록 한 것이다.

펀드매니저와 아마추어 투자자는 온갖 기술적 분석 노하우와 오랜 경험을 동원해 투자 대상을 선정했다. 반면 원숭이는 신문에 실린 주식 시세표에 다트를 던져 종목을 찍었다. 이 게임에서 원숭이와 사람 모두 마이너스 수익률을 기록했다. 그러나 원숭이의 손실률은 평균 2.7%였지만 펀드매니저들은 평균 13.4%의 손실을 봤다. 심지어 아마추어 투자자들은 28.6%의 손실률을 기록하는 수모를 당했다. 결론은 다트를 던진 원숭이가 이겼다는 것이다. 이와 유사한 실험이 세계적으로 이루어졌다. 영국에서도 했었고 우리나라에서도 실시된 적이 있는데 하나같이 원숭이가 이겼다. 쓴웃음을 짓게 만드는 결과이긴 하지만 조금은 위안을 받기도 한다. 능력이 부족해서 또는 열정과 공부가 부족해서 주식투자에 실패한 것은 아니구나 하고 생각할 수 있기 때문이다.

아무리 공부하고 연구해도 실패하는 곳이 주식시장이다. 주식시장은 개인의 능력 범위를 뛰어넘는다. 금융 전문가라고 할 펀드매니저의 현란한 매매기법이 원숭이의 무작위 매매 수익률을 따라잡지 못하다니, 이런 시장에서 우리가 세워야 할 투자의 기준은 무엇일까?

06.. 진정한 가치를 측정할 수 있는 기준을 선택하라

주식시장은 혼돈 그 자체다. 하지만 혼돈의 근본적인 원인은 우리 자신에게 있다. 바로 인간의 오만함, 자만심과 탐욕이 혼돈을 만들어내는 것이다. 그중 가장 큰 요소는 인간의 마음을 숫자로 계산하고 예측하려는 데 있다. 상식적으로 볼 때도 인간의 마음을 숫자로 계산하고 예측한다는 것이 가당키나 한가?

우리는 기계가 아니다. 똑같은 상황과 사물을 대해도 사람마다 반응과 행동, 마음이 각기 다르다. 우리는 감정을 느낀다. 별것도 아닌 일에 짜증을 내기도 하고 별것도 아닌 일에 기뻐하기도 하며, 그로 해서 실패하기도 성공하기도 한다.

또한 사람마다 절대로 남이 대신할 수 없는 각자의 삶이 있다. 때문에 같은 사물이나 사건을 대해도 다른 의미와 가치를 부여한다. 누구도 큰 의미를 부여하지 않는 대상에서 어떤 사람은 다른 사람이 보지 못한 큰 가치를 발견하여 인생을 걸 수도 있고, 남들이 하찮게 여기는 것도 나에겐 귀중한 보물이 될 수 있다. 감정을 가진 인간에게 자연과 사물은 그 자체로만 존재하는 것이 아니다. 대상에 어떤 의미를 부여하느냐에 따라 또 다른 가치가 되고 보물이 되기도 한다.

많은 추억이 담긴 부모님의 유품은 당사자들에게는 세상 어떤 것과도 바꿀 수 없는 가치 있는 물건이지만, 그것의 내력을 모르는 사람에게는 그저 오래된 물건일 뿐이다. 광적인 야구팬은 의미 있는 홈런볼을 갖기 위해 큰돈을 들이는 것도 마다하지 않지만 야구에 관심이 없는 사람은 그런 행동이 이해되지 않을 것이다. 특이한 수집가는 큰돈을 쏟아 부으면서 수집물의 가치를 만들어낸다. 하지만 그 대상에 관심이 없는 사람은 그런 행동을 이해하지 못한다. 이렇듯 대상을 바라볼 때 가치관과 태도에 따라 그것의 값어치는 천차만별이 된다.

주식도 결국 매수자로서는 회사를 선택하는 과정일 뿐이다. 선택하는 과정에는 객관적인 숫자도 중요하지만 인간의 마음인 기호, 즉 좋고 싫음도 포함된다. 어떤 회사에, 어떤 사업에 가치를 주느냐에 따라 개인이 생각하는 가격은 모두 다르다. 이러한 가격을 객관적으로 평가해서 비판할 수 있을까?

같은 회사라도 투자자마다 주식의 값어치를 다르게 매긴다. 그것이 이상한 일인가? 단순한 사물도 기호나 감정에 따라 가치가 달라지는데, 법인이라는 수많은 가치요소를 가진 기업에 대해 다르게 가격을 매기고 평가하는 게 잘못된 일인가?

게임을 특별히 좋아하는 사람은 다른 사람이 보지 못하는 게임산업의 미래를 보고 꿈과 희망을 걸 것이다. 외국 여행을 좋아하는 사람은 여행회사의 미래를 낙관할 것이고, 자동차를 좋아하는 사람은 자동차산업의 미래를 낙관할 것이다. 반대로 게임을 좋아하지 않는 사람은 게임은 애들이나 하는 것이라고 생각하면서 게임산업의 미래를 불투명하게 볼 것이고, 여행을 좋아하지 않는 사람은 여행회사의 미래를 비관할 것이다. 이렇듯 같은 산업과 기업을 봐도 인간의 각기 다른 가치관과 경험, 기호 탓에 가치평가가 달라질 수 있다.

이것이 바로 개미 투자자들이 주식투자를 할 때 극도로 스트레스를 받는 요소 중 하나다. 투자자들은 투자 정보를 얻을 때 대중매체나 각종 증권사 리포트, 금융업에 종사하는 애널리스트들에게 의존한다. 하지만 우리보다 몇십 년 더 공부한 전문가라 칭하는 사람들도 기업을 평가할 때 목표가격이 각기 다르다. 어떤 사람은 목표가를 3만 원이라고 잡는가 하면 어떤 사람은 5만 원이라 하고, 누군가는 10만 원으로 상정하기도 한다. 어느 장단에 맞춰야 하는가?

우리는 이런 혼란스러운 목표가격에 자신감을 잃는다. '분명히 저 사람들은 나보다 이 산업과 업종에 대해 많이 알고, 공부를 더 많이 했을 텐데'라고 생각하기 때문이다.

애널리스트들은 분명히 일반 투자자들보다 회사나 업종에 대해서 10배나 100배쯤 더 많이 알고 있다. 그들은 분석을 업으로 삼는 사람들이다. 밤이나 낮이나 기업을 연구하고, 기업의 재무제표와 산업현황, 수익성을 분석한다. 하지만 분석하는 애널리스트도 결국은 사람이다.

기업의 수많은 요소 중에서 어떤 애널리스트는 기업의 순자산에 더 큰 가치를 부여할 것이고, 다른 애널리스트는 업황에 더 가치를 매길 수도 있다. 그리고 순자산보다 상품성의 가치를 높이 보아 공격적 경영을 전제로 더 높은 목표가격을 바라볼 수도 잇다. 애널리스트들이 분석을 제대로 못 해서 각기 목표가격이 다른 것이 아니다. 기업을 구성하는 많은 가치요소 중 어떤 요소에 중점을 두느냐에 따라 다르게 보이는 것이다.

그 모든 걸 총체적으로 아울러 기업의 주가를 산성하는 것이 바로 애널리스트들이 존재하는 목적이 아니냐고 따진다면 사실 할 말은 없다. 모든 애널리스트는 총체적으로 분석을 한다. 다만 개인의 가치관과 기호에 의해 기업의 어떤 요소 중 하나를 특별히 더 좋아할 수도 있다. 난 이 회사가 순자산이 많아서 좋아, 난 이 회사의 제품이 좋아, 난 이 회사의 기술개발 가능성이 좋아, 난 이 회사의 경영진이 좋아, 난 이 회사가 꾸준히 수익이 나서 좋아, 난 이 회사에 예쁜(?) 여사원이 많아서 좋아 등등. 어떤 것이 더 좋아서 가치 있어 보인다는 애널리스트들을 비난할 수 있을까?

    투자의 뛰어난 통찰력을 가진 경제학자 케인스는 이러한 주식 가치 평가의 본질을 파악하여 일반 투자자들에게 쉽고 재미있는 비유를 남겨주었다. 큰 수익이 날 수 있는 주식은 자고로 모두에게 예뻐야 한다는 의미인데, 이를 미인 투표에 빗대어 설명한 것이다.

    어떤 신문사가 100명의 아름다운 미인 사진을 게재하면서 현상 공모를 시행하였다. 100명의 미인 중에서 가장 많은 사람이 미인이라고 생각할 만한 6명의 후보자를 선택한 사람에게 상을 준다는 내용이었다. 과연 응모자들은 어떤 행동을 할까?

    이 경우에 응모자들은 자신의 판단보다는 다른 사람들이 꼽을 것으로 짐작되는 후보에게 표를 던진다고 케인스는 지적하였다. 즉 자신이 가장 미인이라고 생각하는 후보를 고르지 않고 다른 사람들이 미인이라고 판단할 것 같은 후보를 선택한다는 것이다.

    케인스는 주식매매가 이런 미인 투표와 다르지 않다고 말한다. 상금을 받으려면 고집스럽게 내 스타일의 여자만 뽑아서는 안 되며 모두가 좋아할 만한 여자를 뽑으라고 가르쳐준 셈이다. 그렇게 해야 개미 투자자가 상금을 타고 돈을 벌 수 있다는 얘기다.

가치의 기준은 가치관과 기호에 따라 변하고, 또한 가치는 사회적 배경과 시대적 상황에 따라 변화한다. 사회가 역동적으로 변하는 만큼 가치 또한 시대에 따라 유행처럼 변한다. 내가 좋아하는 여자를 고르지 말고 모든 사람이 좋아할 만한 여자를 고르라고 한 비유는 내가 좋아하는 가치를 고르지 말고 상황에 따라 모든 사람이 좋아할 만한 가치를 골라 투자하라는 말이다.

시장에서 주식의 가격은 날마다 매수자와 매도자의 경쟁으로 결정된다. 매일 경매를 하는 것과 다르지 않다. 오늘의 가격은 내일의 가격이 될 수 없다. 더욱이 가격을 결정하는 주체는 인간이다. 따라서 주식시장은 인간의 가치와 감정 그리고 분위기에 따라 끊임없이 변해간다.

이러한 주식시장에서 어떤 투자의 기준을 만들어낼 수 있을까? 무엇이 진실이고 거짓인지 판단할 수 있을까? 거짓이지만 모두가 진실이라고 믿는 것, 진실이지만 모두가 거짓이라고 믿는 상황 속에서 어떤 이성적 사고를 해야 하는가?

주식시장은 바로 이런 곳이다. 그래서 누구도 주식시장을 이길 수는 없다. 시장 앞에서 개인은 한없이 작아지고 겸손해질 수밖에 없다. 하나의 개인은 너무나 나약한 존재이기 때문이다. 개인은 주식시장에서 진실과 거짓조차 구별할 수 없지 않은가.

누구나 한 번쯤 또는 여러 번 주식시장에서 수익을 낼 수 있다. 하지만 결국 마지막에 가서 시장은 개인을 삼켜버리고 파멸시킨다. 한 번의 성공을 맛본 개인은 과거의 성공 매매를 생각하며 확신과 자만, 오만함에 빠진다. 하지만 주식시장은 끊임없이 발전을 거듭하고 유행처럼 가치가 변한다. 자만에 가득 찬 투자자는 이전과 전혀 다른 새로운 기준의 가치에 혼란스러워하며 무릎을 꿇고 만다. 자신의 매매방법이 과거에는 분명히 통했는데 이제는 통하지 않는다고 눈물을 흘린다. 주식시장의 본질을 이해하지 못한 것이다.

삶의 가장 큰 성공 뒤에는 가장 큰 실패가 따르고, 가장 큰 사랑 뒤에는 가장 큰 후회와 연민이, 가장 큰 행복 뒤에는 가장 큰 고독이 따른다. 개인의 삶마저도 이렇게 기복이 심한데 모든 사람이 참여하는 주식시장이 어떻게 변해갈지를 과연 알 수 있을까?

'누구도 주식시장을 이길 수 없다.' 이렇게 결론을 내려버리면 투자자로서는 정말 좌절만 느끼게 될 것이다. 그렇다면 조금 완화시켜 표현해보자. '주식시장은 날마다 전혀 예측하지 못하는 방향으로 끊임없이 변화한다.' '투자에서 영원한 방법이나 기준은 없다.'

주식시장은 우리에게 일관된 방법과 기준을 허락하지 않는다는 의미다. 결국은 어떤 것도 정해질 수 없다는 것을 인정해야 한다. 그래서 투자에서 가장 중요한 것은 '가치에 대한 철학'이다. 기업을 구성하는 수많은 요소 중에서 과연 내가 생각한 진정한 가치는 무엇인가를 진지하게 고민해봐야 한다.

우리를 현혹하는 많은 투자비법과 기술을 익히는 것보다 내가 생각하는 진정한 가치는 무엇인지에 대한 기준을 정하는 것이 더 중요하다. 그리고 자신이 옳다고 믿는 가치에 투자해야 한다.

"나는 가치에 투자하려는 게 아니다. 나는 돈을 벌려고 투자하는 거다"라고 말한다면 결국은 시대의 유행을 좇다가 끊임없이 변화하는 그 유행에 혼란을 느끼게 될 것이다.

"우리는 어떤 요소에 가치를 부여하는가?" 이 물음에 대한 대답은 오직 자신만이 할 수 있다. 기업의 수많은 요소 중 진정한 가치는 무엇인지 결국은 스스로 선택해야 한다. 많은 전문가의 조언과 수많은 정보를 참고할 수는 있다. 하지만 자기가 피땀 흘려 모은 돈을 투자하는 일이므로 어떤 가치 기준으로 평가하느냐는 스스로 결정해야 한다. 스스로 가치가 있다고 믿는 요소에 투자해야 한다. 투자를 하기에 앞서 다시 한 번 생각해보자. "내가 생각하는 기업의 진정한 가치는 무엇인가?"

5장

갈수록 돈은 늘어나지만 가치는 줄어든다

주식시장은 '1+1=2'라는 수학적 등식을 세워 논리적으로 접근할 수 있는 곳이 아니다. 정답이라고 확신하지만 틀릴 수도 있으며 때론 틀린 것이 정답일 수도 있다. 그래서 투자자들은 '합리적 투자'를 위해 과거의 수치와 통계를 바탕으로 미래를 예측해야 하는지 아니면 경험을 통해 미래를 예측해야 하는지 혼란스러워한다.

01.. 돈을 '지키기 위해' 재테크가 필요하다

투자자들이 개인적인 능력으로 시장을 이기고 투자에 성공한다는 것은 불가능에 가깝다. 투자를 하려면 실전 경험을 바탕으로 공부도 많이 해야 하고 영리해야 하며 동물적 감각도 있어야 한다. 또한 수년간 축적해온 재산이 손실을 입을 위험도 감당해야 한다. 무엇보다 이를 바탕으로 투자에 대한 자신만의 확고한 철학을 만들어야 한다.

사실 우리는 열심히 살고 싶을 뿐이다. 하루하루의 고된 생업에 쫓기는 우리는 요즘 어느 펀드가 잘나가고, 어느 예금상품이 인기 있는지, 어떤 부동산이 투자가치가 있는지 생각하고 비교할 시간조차 없다. 힘들다. 하루하루가 힘들고 또 힘들 뿐이다.

하지만 투자를 하지 않고 살아가면 또다시 남들에게 뒤처질 거라는 불안한 심정을 지울 수가 없다. 성실히 살아가면 잘살 수 있다고 어렸을 때부터 배워왔지만 현실은 그렇지 않다는 것을 경험으로 느끼고 있다.

대부분의 사람들은 큰돈을 바라지 않고 성실하게 은행에 적금을 넣으면서 안정되게 살고 싶어한다. 하지만 먹을 것 안 먹고 입을 것 안 입고 열심히 적금을 들어서 5년 동안 5천만 원을 만들어 놓았다 하더라도 무언가 허전하다. 5년 전에는 5천만 원이란 돈이 꽤 컸던 것 같은데 지금의 5천만 원은 예전보다 훨씬 적어 보인다.

그러다가 주위의 지인이나 친구들이 주식투자를 해서 돈을 벌었다거나 펀드에 가입해서 돈을 벌고, 집을 사서 돈을 벌었다는 소리를 들으면 어깨가 무거워진다. 나는 분명히 열심히 살고 있는데 자꾸 뒤처지는 것 같다. 재테크란 이제 선택이 아니라 필수가 되어버렸다. 재테크를 하지 않으면 세상에 뒤처진 사람으로 취급받을 뿐만 아니라 실제로도 뒤처진다. 은행에 예금한 돈은 지속적인 물가상승으로 가치가 급격하게 하락한다. 그렇다면 한 가지 묻지 않을 수 없다. "우리는 왜 투자를 해야 하는가?"

보통 생각하듯 돈을 벌기 위해서다. 하지만 조금만 더 따져보자. 돈을 벌려고 투자하는가? 아니면 벌어둔 돈을 지키려고 투자하는가? 사실 예금과 달리 위험을 감당해야 하는 재테크는 본질적으로 재산의 증식이란 개념보다는 재산을 지키기 위해 필요하다. 돈은

5천만 원 그대로인데 물가가 상승하는, 화폐 가치가 하락하는 인플레이션으로 그 가치가 이전과 다르다면 특별한 재테크 없이 현금을 차곡차곡 모아두는 일은 앉아서 돈을 버리고 있는 것과 같다. 이런 이유로 재테크는 이제 선택이 아니라 필수다.

02.. 돈은 어떻게 만들어질까

돈이 어떻게 만들어지고 어떤 과정을 거쳐 시중에 유통되고 신용이 형성되는지를 알기는 쉽지 않다. 최일선의 금융 전문가들조차 돈의 유통과정을 제대로 알지 못한다. 단적인 예로 세계의 금융산업을 선도하는 미국에서조차 신용과 유동성을 제대로 제어하지 못해 서브프라임이라는 비우량대출 공황이 발생하지 않았던가?

과거에는 금본위제가 돈의 가치를 나타내는 척도였다. 금본위제는 말 그대로 금을 근본으로 하는 제도다. 과거에는 돈을 찍어낼 때 금을 기초로 했다. 돈은 금의 교환증서에 불과했으며, 바꿔 말하면 돈의 가치는 금으로써 보증되었다. 금본위제에서 화폐는 단지 신용증서가 아니라 금을 상징한다.

각 나라는 금을 기초로 엄격하게 화폐를 발행했고 금의 수량과

연동하여 돈의 가치가 정해졌다. 금본위제에서 국력은 얼마나 많은 금을 보유하느냐에 달려 있었다. 이러한 금본위제의 가장 큰 강점은 인플레이션이 억제된다는 것이다. 전 세계에서 6,000년 동안 캐 모은 황금의 총량은 14만 톤에 불과했고 한정된 금과 그것을 교환할 수 있는 보증서로서 돈의 가치는 눈에 보였고 확실했다. 그래서 인플레이션은 억제되었고 가치저장 수단으로서 돈의 기능은 훌륭하게 수행되었다.

우리가 만약 금본위제 안에서 살아간다면 이렇게까지 재테크에 집착하지 않아도 될 것이다. 금본위제 안에서는 최소한의 인플레이션이 발생하며 무엇보다 돈의 주요 기능 중 하나인 가치저장 기능이 확실하기 때문이다.

금본위제 안에서는 현재의 5천만 원이나 5년 후의 5천만 원이나 가치에 있어서 별반 차이가 없다. 돈이 금이라는 도량형의 기준으로 안정적이고 엄격하게 발행되기 때문이다. 국가 간 무역을 할 때도 금의 보유 수준에 따라 화폐가치가 결정되었다.

금본위제는 폐지와 복귀의 숱한 우여곡절을 겪었으며 현재는 국제 관계에서 일부 도입될 뿐 자국 내 금본위제를 채택하고 있는 나라는 없다. 그렇다면 금본위제가 폐지된 후에는 무엇을 기준으로 돈을 찍어내는가? 여기서 돈은 대한민국의 경우 원화를 말한다. 대한민국 원화는 대한민국이 법률로써 보증하고 국채를 담보로 해서 만들어진다. 현재의 돈은 과거 금본위제처럼 '돈은 곧 금이다'와 같은 상징성을 갖고 있지 않다. 우리가 가진 돈의 가치는 국가의 신용을 담보로 발행하는 채권의 가치와 같아진다. 국제적으로 볼 때 국력이 강해지면 원화가치는 올라가고 국력이 약해지면 원화가치는 떨어진다.

이는 다시 말해 대한민국 국민의 미래의 세금과 신용을 담보로 발행한 채권이 곧 우리가 사용하는 돈의 가치가 된다는 얘기다. 우리나라 국민의 생산성과 효율성, 미래의 발전가능성을 담보로 한 채권을 기초로 돈이 창조되는 것이다. 너무나 당연한 말이지만 대한민국이 없으면 원화도 없어진다.

과거 금본위제에서는 금이라는 확실한 도량형이 존재했기 때문에 이를 통해 돈의 가치를 측정할 수 있었다. 금 보유고만큼 돈의 가치가 고정되는 것이다. 금본위제는 고정환율 제도의 근간이었다.

금본위제가 폐지된 현재 대부분의 나라는 변동환율 제도를 채택하고 있다. 나라와 나라의 통화가치는 금의 보유량이나 정부의 정책을 통해 인위적으로 고정되는 것이 아니라 서로 자유롭게 오가면서 수요와 공급에 의해 결정된다. 다른 나라에서 우리나라 돈이 많이 필요하면 공급보다 수요가 많아져서 돈(원화)의 가치가 올라간다. 반대로 우리나라가 다른 나라의 돈을 더 많이 필요로 하면 돈(원화)의 가치는 떨어진다.

그러므로 원화를 모은다고 해도 나라의 힘이 쇠퇴하면 가치가 떨어져버린다. 물론 개개인이 열심히 일을 해야 나라가 부강해지지만 나라가 강대해야 모두의 가치인 대한민국 원화의 가치도 높아진다.

현재 세계 대부분 나라는 자국의 통화를 독립적으로 사용하며 각 나라의 채권을 담보로 돈을 만들어낸다. 그러면 금이라는 기준이 사라진 현재 국가 간 무역은 무엇을 기준으로 이뤄질까?

03.. 필연적인 인플레이션

　과거 금본위제에서는 금을 가지고 무역이 이루어졌지만 현재는 그 역할을 달러가 하고 있다. 세계 무역은 달러를 기초로 이루어지고, 달러의 가치는 미국 채권의 가치로 결정된다. 그리고 미국 채권의 가치는 미국이라는 나라의 신용으로 결정된다.

　때문에 대한민국 국채의 신용은 현재 얼마의 달러를 비축해두었는가와 함께 앞으로 얼마나 많은 달러를 확보하느냐, 즉 외환보유액이 어느 정도냐에 따라 결정된다. 다시 말해 미국 달러가 부족하면 우리나라는 심각한 위기에 봉착하게 된다.

　달러는 현재 세계의 기축통화로 과거 금과 같은 역할을 하고 있다. 다른 말로 하자면 "미국 돈인 달러는 금이다"라고도 할 수 있으며, 세계를 하나의 자본주의 메커니즘으로 전제하고 무역을 하는 것이다. 현재 세계 통화의 기준이 달러라는 얘기는 미국의 신용을 기초로 세계가 무역을 하고 있다고 생각하면 된다. 어쨌든 좋다. '미국 돈은 금'이라고 치자. 그러면 미국의 달러는 과연 어떤 가치를 지니고 있기에 금과 같은 평가를 받는가? 미국의 달러 역시 미국 국채를 이용해 찍어낼 뿐 아닌가?

우리는 미국의 주식시장 지수인 다우와 나스닥 그리고 S&P지수가 세계에 미치는 영향력이 얼마나 대단한지를 잘 알고 있다. 증권업에 종사하는 사람들 대부분이 아침에 눈을 뜨면 가장 먼저 살펴보는 것이 미국 지표일 것이다.

그리고 우리나라에서 금융업에 종사하는 대부분 전문가가 대한민국 원화의 금리보다 더 신경 쓰는 것이 바로 연방준비제도이사회(FRB, 이하 연준)의 달러 금리정책이다. 이곳에서 정하는 금리로 달러의 가치가 결정된다. 주식매매를 하다 보면 세계 투자자들이 연준(FRB)의 금리정책을 예측하고 그에 대한 영향력을 파악하려고 얼마나 노력을 기울이는지 알 수 있다.

기축통화인 달러는 현 시대의 자본주의 메커니즘을 유지시키고 있고 미국이라는 나라를 강대하게 만들었다. 우리는 서브프라임이라는 경제공황이 터져서 미국의 신용이 손상되었을 때 세계 경제가 얼마나 급격하게 위축되는지 경험했다. 세계 증시는 폭락하고 시중에는 돈이 말라 유동성이 사라져버렸다. 금리는 오르고 추가

대출은 막혔다. 달러가 폭락하자 대표적 실물자산인 석유와 금의 가격은 천정부지로 뛰었다. 미국이 기침을 하니 다른 나라들은 독감에 걸려버리는 격이다.

그런데 과연 미국의 신용으로 세계 무역의 기초를 쌓을 수 있을까? 미국의 달러는 녹슬지 않는 금속 물체이자 정치적 상징인 금을 대신해 세계 신용의 기반이 될 수 있을까? 세계가 변함없이 달러를 신뢰해야 할까? 미국은 현재 세계의 경찰 역할을 자청하고 있는데 그 정도로 강하고 청렴하며 거짓이 없는가? 현재의 자본주의 메커니즘을 생각하면 씁쓸한 뒷맛을 숨길 수 없다.

금을 기초로 돈을 찍어내는 금본위제와는 달리 채권을 담보로 돈을 찍어내는 화폐 제도는 시간이 지날수록 필연적으로 가치를 잃어간다. 금은 한정되어 있고 눈으로 보고 만질 수 있는 실체가 있지만 채권이란 증서는 하나의 신용이자 종잇조각에 불과하기 때문이다. 채권을 발행함과 동시에 채권의 이자만큼 돈은 늘어나게 된다. 달러 역시 가지고 있는 시간이 길어질수록 필연적으로 점점 늘어나게 되어 있다. 만약 금이 저절로 많아진다면 누가 금을 가치 있다 여기겠는가? 이런 상황을 알면서도 우리는 달러를 거부할 수 없다. 달러가 없으면 무역이 불가능하기 때문이다.

단적인 예로, 우리나라 돈인 원화를 가지고 석유를 살 수 있을까? 애석하게도 원화로는 석유를 한 방울도 살 수가 없다. 석유가 나지 않는 우리나라에서 원유를 수입하지 못하게 되면 우리나라 산업은 어떻게 될까? 이런 이유로 외환보유고에 목숨을 걸 수밖에 없다. 또한 외환보유고가 부족하면 IMF를 맞이한다는 사실을 우리는 이미 쓰라린 경험을 통해 알고 있다.

미국의 이라크 침공은 표면적으로는 대량 살상무기 파괴라는 명분을 내세웠지만 2000년부터 이라크가 석유를 유로화로 결제한 것이 가장 큰 이유라는 것은 공공연한 사실이다. 세계 기축통화의 확고한 지위를 위해 달러가 아닌 유로화로 결제한 이라크 정부를 실각시킨 것이다. 현재 미국은 전 세계에 미군을 배치하고 있으며 달러의 지위를 지키고자 전쟁도 불사하고 있다. 국제 금융기관인 IMF(국제통화기금), WTO(세계무역기구), BIS(국제결제은행)뿐 아니라 OPEC(석유수출기구) 등에서도 미국은 자국의 기축통화 지위를 유지하기 위해 수단과 방법을 가리지 않는다.

1971년 세계 화폐 체제가 금본위제를 버리면서 화폐의 구매력은 급격히 떨어져버렸다. 구체적으로 보자면 1972년 1온스에 35달러 하던 금값은 2009년 10월 1온스당 1,000달러를 넘어섰다. 금과 비교한 화폐의 가치가 30분의 1 가까이 하락한 것이다.

현재 세계 경제는 신용화폐를 근간으로 하고 있다. 이 체제 안에서 우리가 가진 돈은 시간이 지날수록 가치가 급격하게 하락하며 돈의 가치저장 수단으로서의 기능도 빠르게 힘을 잃어간다.

이런 체제 안에서 인플레이션은 필연적이다. 그래서 열심히 일해도 저축만으로는 살아가기가 어려워지는 것이다. 이제 투자를 하지 않으면 아무리 열심히 살아도 힘들어진다. 이것이 바로 주식과 부동산에 투자하는 것은 위험하지만, 투자를 하지 않으면 더 위험해지는 이유다. 우리는 돈을 지키려고 재테크를 하는 것이다. 재테크를 해서 돈을 버는 것은 2차적인 목표다.

04.. 주식시장은 전혀 논리적이지 않다

'1+1=2'

만약 이 등식을 부정하는 사람이 있다면 누가 봐도 바보라 하겠다. 인류의 찬란한 문명은 바로 위의 숫자를 기준으로 출발했다. 사칙연산과 함수, 극한, 미적분, 피타고라스 정리 등 수학을 통해 정확한 배분을 하고, 모든 설계와 기계가 완성되었다. 수학 없이 인류의 문명은 존재할 수 없다. 수학이 없다면 인류가 어떻게 이토록 조화롭게 살아가겠는가?

'1+1=2'라는 식은 옳다. 여기에는 어떤 비판적 사고조차 필요 없다. 이것은 우리 모두의 약속이기 때문이다. 하지만 주식시장과 투자를 논할 때 '1+1=2'라는 식이 항상 성립한다고 말하기는 곤란하다. 경제에서 말하는 숫자는 단순히 숫자가 아니라 돈을 가리키기 때문이다. 우리가 주식시장과 투자에서 말하는 숫자는 곧 '돈'이다.

그러면 앞의 장에서 언급한 문제에 대해 다시 한 번 생각해보자. 바로 "달러는 '금'의 가치를 지니는가?" 하는 문제다.

이 문제를 추적해나가면 우리는 범상치 않은 오류를 접할 수 있다. 세계 무역의 기본적인 토대는 '달러는 곧 금'이라는 대전제를 기반으로 세워진다. 하지만 달러는 금의 역할을 할 수 있는가? 금처럼 완벽하게 고정되어 있을 수 있는가? 어째서 세계 투자자들의 모든 이목이 연준(FRB)의 금리에 고정되어 있는가?

달러의 가치 또한 금리로 인해 변화한다. 달러의 가치는 고정되어 있지 않고 수시로 변하는 것이다. 원화 또한 마찬가지다. TV나 각종 언론매체를 통해서 항상 접하듯이 환율은 계속 변동한다. 환율이 변동한다는 것은 원화가치가 오르락내리락한다는 것이다.

이러한 상황에서 재무제표와 손익계산서의 숫자만을 보고 기업의 상황을 파악하며 미래를 예측할 수 있을까? 재무제표나 손익계산서에서 '1+1=2'가 절대적 진리일까? 시간과 상황에 따라 '1+1'은 1.7이 될 수도 있고 1.5가 되거나 2.2 또는 2.4가 될 수도 있는 곳이 주식시장이다.

나아가 자본주의 체제의 문제는 '1+1=2'가 완벽하게 성립되지 않는다는 것이다. 극단적으로 말해서 돈은 찍어내면 되는 것이다. 재정적자 정책을 내면 얼마든지 추가 통화량 공급이 가능하다.

'1+1=2'가 성립하지 않는 상황 속에서 무엇을 계산할 수 있겠는가? 그러니 그저 '적당히' 계산하는 것이다. 현재 자본주의 체제는 투자에 필요한 정확한 수치를 산출할 수 없다. '잠재적'이라거나 '예상'이라는 단어가 숫자 앞에 줄기차게 붙는 곳이 바로 주식시장이다. 때문에 투자의 세계는 이성과 비이성 사이를 오간다.

개미들도 어렵지만 전문가들은 더 어렵다. 과거의 사실이나 현재의 상황을 누구보다 정확히 분석하는 전문가가 미래의 전망에 그토록 들쭉날쭉한 예측을 내놓는 이유는 바로 안정되고 합리적인 도량형이라는 기준이 없기 때문이다.

이러한 자본주의 체제와 화폐 제도 속에서 개미들은 과연 합리적으로 투자할 수 있을까? 어떤 기준으로 투자해야 하는가? 돈 자체의 가치가 들쭉날쭉한 상황에서 돈을 기초로 성장하고 쇠퇴하는 기업을 어떻게 분석해야 하는가?

주식시장은 '1+1=2'라는 수학적 등식을 세워 논리적으로 접근할 수 있는 곳이 아니다. 정답이라고 확신하지만 틀릴 수도 있으며 때론 틀린 것이 정답일 수도 있다. 그래서 투자자들은 '합리적 투자'를 위해 과거의 수치와 통계를 바탕으로 미래를 예측해야 하는지 아니면 경험을 통해 미래를 예측해야 하는지 혼란스러워한다.

05.. 금본위제와 신용화폐 제도

자칫 금본위제가 합리적인 것처럼 오해할 수 있다. 재테크와 투자에 대한 많은 고난이 신용화폐 제도 속의 폐해인 돈의 가치저장 기능의 약화, 즉 인플레이션에 의해 발생하기 때문이다.

금본위제는 신용화폐 제도와 비교해서 상대적으로 인플레이션을 막아주고 확실한 도량형의 역할을 한다. 하지만 금본위제 역시 치명적인 약점이 있다. 금을 기초로 돈을 찍어내면 돈이 너무 귀해진다는 것이다. 그리고 금이 세계 최고의 가치로 여겨진다는 단점이 있다. 공급과 수요가 원활해야 경제는 활성화되고 잘 돌아간다. 자본주의 체제에서는 공급과 수요뿐만 아니라 대부분의 계약을 연결하는 것이 바로 '돈'이다. 돈이 충분히 있어야 생산자는 제품을 생산할 수 있고 소비자는 제품을 소비할 수 있다. 돈은 마치 우리 몸의 피와 같아서 원활하게 돌아가지 않으면 경기가 침체된다. 이런 상황에서 금을 근본으로 돈을 찍어내면 유동성이 제약을 받게 되어 경기에 악영향을 미친다.

　금본위제에서 최고의 가치를 상징하는 금. 금은 인간에게 어떤 이로운 점을 줄까? 금을 많이 들고 있으면 인간에게 진리의 길을 보여주는가? 생산성과 효율성을 높여주는가? 아니면 하다못해 내일 날씨라도 가르쳐주는가? 인간의 생산성과 효율성을 무시한 채 '금'이면 만사형통하는 것인가?

　사실 금은 그저 반짝이는 그리고 녹슬지 않는 값비싼 장신구일 뿐이다. 이런 금의 가치에 인류 최고의 가치를 부여하는 것이 과연 옳은 걸까? 결국 '금'이 '금'일 수 있는 이유는 반짝이며 녹슬지 않는 돌덩어리를 '금'이라고 부르기 때문이다. 금본위제에서의 문제점은 이 돌덩이에 너무 많은 권력이 집중된다는 점이다.

　금을 도량형으로 만들면 돈의 가치저장 기능은 확실하다. 하지만 이런 이유로 모든 인류는 금을 가지려고 달려들 것이다. 국가는 금을 가지려고 전쟁도 불사할 것이다. 또한 국가는 생산성과 효율성보다 금 확보를 최우선 정책으로 할 것이다. 이렇듯 금본위제 또한 많은 모순이 있다.

경기변동의 실체와
신용창조의 위험

개미들은 군중심리에 맞서 싸울 이성적 능력과 철학적 사고가 부족하다. 사람들은 본능적으로 고독한 걸 싫어하고 외로운 걸 두려워한다. 모두가 진실이라고 말할 때 홀로 거짓이라 말하기가 얼마나 어려운지 경험적으로 알고 있다. 만에 하나 틀렸을 때 주위 사람들이 멸시와 조롱을 보낼 것을 떠올리면 소름이 돋는다. 혼자 잘난 척한다고 온갖 비난을 받을 텐데 어떻게 감당하겠는가?

01.. 경기변동이
　　　우리 삶에 끼치는 영향

　주식시장에서 투기의 함정에 빠지지 않고 투자를 성공적으로 해내기 위해 필요한 또 한 가지는 경기변동의 원인과 주기에 대한 이해다. 경기변동은 사회 전반에 큰 영향을 미치는데 주식시장은 특히 직접적인 연관성이 있다. 경기를 제대로 이해하지 못하면 자신의 의지와는 상관없이 군중심리에 휩쓸려 투기에 나설 가능성이 매우 커진다.

　경기변동의 실체는 무엇일까? 자본주의 체제 안에서 경기변동은 필연적이며 우리 삶에 끼치는 영향력도 크다. 비단 투자를 하기 위해서만이 아니라 이 체제 안에서 살아가기 위해 반드시 알아야 할 주제다.

　경기가 침체기로 들어갈 때 우리는 대부분 무력감을 느끼고 힘들어한다. 반대로 경기가 좋을 때는 자신감과 활력이 넘친다. 또한 경기가 침체기로 들어가면 너나 할 것 없이 미래를 비관적으로 보게 되지만 경기가 활황일 때는 장밋빛 미래를 꿈꾼다.

주식시장에서 경기와 관련된 일반적인 매매패턴은 늘 비슷한 양상으로 되풀이된다. 확장기에는 기분이 좋아지면서 매수에 나서고, 정점에 이르면 장밋빛 미래의 꿈에 부풀어 돈을 빌려서까지 보유물량을 늘린다. 그리고 정점을 지나 수축국면으로 가면 기분이 점점 안 좋아지며 차입한 돈에 부담을 느끼고, 바닥국면에 이르면 미래를 비관적으로 보면서 투매를 한다.

그림 1 | 개미들의 경기변동에 따른 주식 매매법

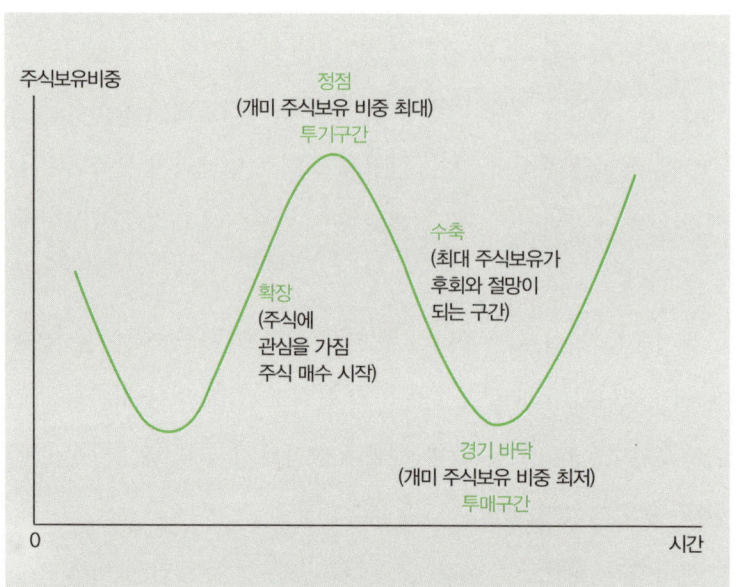

대부분의 개미는 정확히 경기 정점에서 매수해서 정확히 경기 바닥에서 매도한다. 인간의 본성은 이성과 감정이 분리될 수 없는 특성을 갖고 있다는 점을 앞서 살폈는데 특히 개미 투자자들은 투자세계에서 이성보다 감정에 더 뜨겁게 반응한다. 이런 감정적 사고를 통제할 수 있어야만 최고점에 뛰어들어 물량받이가 되고 최저점에서 내던져 남 좋은 일만 시키는 투기로부터 벗어날 수 있다.

'돈 님'의 마력 앞에 무릎을 꿇지 않고, 돈을 좇지 않고 다스리려면 경기상황과 경제의 전반적인 시스템에 대한 이해가 필요하다. 경기에 대한 정확한 이해 없이는 경기가 정점일 때 돈을 좇아 매수하고, 경기가 바닥일 때 투매를 하는 가슴 아픈 행동을 계속 반복하게 된다.

사실 경기변동은 저절로 이루어지는 것이 아니라 인간의 활동이 원인이자 결과다. 경기활동의 주체가 인간이기 때문에 필연적으로 주기적인 변동이 일어난다. 인간은 개개인으로 보더라도 하나의 큰 덩어리로 보더라도 늘 한결같을 수는 없으며 어느 정도 기복을 겪기 마련이다.

경기순환의 국면은 크게 확장, 정점, 수축, 바닥의 네 가지로 나뉜다. 그러면 구체적으로 경기변동은 어떤 원인과 이유로 나타나는지 각 국면을 따라가며 알아보자.

먼저 경기순환의 확장국면에서는 바닥국면을 서서히 벗어나 기업의 활동성과 수요가 증가하기 시작한다. 바닥국면의 치열한 경쟁에서 살아남은 기업은 장기 침체를 막기 위한 정부의 부양정책과 저금리를 이용해 과감하게 시설투자와 고용을 늘린다. 이러한 고용증가로 실업률이 낮아진다. 실업률이 지속적으로 낮아지고 기업들이 과감하게 투자를 하면 공급과 수요가 증가하여 유동성이 확대되기 시작한다. 그리고 이러한 연쇄적인 반응으로 기업의 생산성과 수요는 다시 증가한다. 확장국면에서는 기업의 이윤이 증가하고 기대심리로 주가 역시 상승하며 금리는 낮게 유지된다. 이 국면에서는 보통 소비가 증가하고 부동산의 시세가 상승한다. 이 국면을 움직이는 원동력은 활발한 경제활동과 유동성 증가 그리고 장밋빛 기대심리다.

 경기의 정점국면은 기대심리가 비이성적으로 나타나는 구간이다. 활발한 경제활동으로 공급과 수요가 증가하고 이에 따라 유동성이 증가하는 연쇄작용이 정점에 이르는 곳이다. 기업의 실적이 올라가면 모두가 기업의 미래를 장밋빛으로 전망하고 주가는 급속히 고평가되며 주가수익률(PER)도 과도하게 상승하지만 아무도 걱정하지 않는다. 기업들은 수요 증가가 계속될 것이라는 터무니없는 낙관 속에 과잉설비, 과잉구매, 과잉고용을 멈추지 않고 신규투자에도 적극적으로 나선다. 소비자들은 지출이 치솟고 심지어 신용을 사용하여 과잉소비와 사치를 하는 것도 두려워하지 않는다. 이때는 다들 단지 전망뿐인 미래를 할인하여 현재를 위해 소비한다. 때문에 유동성은 점점 한계치까지 올라가게 된다.

이어지는 수축국면에서 사람들은 드디어 장밋빛 미래의 차가운 현실을 보게 된다. 신용에 의한 과잉투자와 소비 활성화로 주식과 부동산이 끝도 없이 상승하여 유동성이 폭발하기 시작하면 급격한 인플레이션이 일어나게 된다. 경기를 진정시키기 위해 중앙은행은 금리를 올리기 시작한다. 그러자 유동성의 증가로 활발해졌던 경제활동은 급격하게 타격을 받는다. 특히 기대에 찬 미래를 전망해서 과감하게 투자를 한 기업들은 직격탄을 맞는다. 사회 전반적으로 성장과 투자가 둔화된다. 시간이 지날수록 도산하는 기업이 속출하고 다들 몸사리기에 급급해진다. 사회 전반은 미래에 대한 불안감에 휩싸여가며 주식시장은 하락하고 신용이 위축되는 현상이 나타난다. 이러한 현상으로 소비와 지출은 더욱 감소하고 기업의 상황은 더욱 악화되며 생산력이 하락하자 결국 대량해고로 인해 실업이 늘어난다. 이러한 현상이 연쇄적으로 일어나서 생산성 하락과 수요 감소가 더욱 가속화된다.

수축국면에 이어 진행되는 바닥국면에서는 모두가 미래를 비관한다. 따라서 유동성은 말라버리고 생산과 수요가 모두 침체된다. 경쟁력 없는 기업들은 문을 닫아야 하고 과잉설비, 과잉구매, 과잉고용을 한 기업들은 처철한 대가를 치른다. 신용이 위축되면서 투기와 과잉소비를 한 개인들 역시 크나큰 상처를 받는다. 계속된 하락으로 주식과 부동산은 헐값에 매매된다. 사회 전반에 좌절과 절망의 상처가 가득해진다.

　이때 정부는 금리를 인하하기 시작한다. 경기를 살리기 위해 각종 재정정책과 통화정책을 실시한다. 경쟁력이 없고 무리하게 투자했던 기업들은 도산했지만 경기의 바닥에서 살아남은 경쟁력 높은 기업들은 다시금 이익 내기에 좋은 환경이 된다. 금리가 낮아져 자금조달이 쉬워졌으며 정부의 각종 경기부양 정책으로 기업활동이 더욱 용이해진다.

　서서히 기업의 생산성이 증가하기 시작한다. 기업이 투자를 재개하고 고용이 늘기 시작하면서 실업이 낮아지면 또 다른 사이클로 접어든다. 즉 바닥국면을 탈피해서 확장국면에 들어갈 준비를 한다. 기업은 예전보다 더 효율적이고 생산성이 높아져 강한 체질을 갖추게 된다.

02.. 고점 풀 베팅, 저점 투매의 이유는?

경기가 변동하는 것은 사실적인 현상이다. 하지만 과거를 바탕으로 경기의 변동을 분석하기는 쉽지만 현재 어느 구간에 속해 있는지를 알기는 어렵다. 과거와 현재의 기업과 산업의 활동을 보고 현재의 구간을 파악하고, 미래의 경기변동을 예측하면서 투자를 해야 한다. 하지만 여전히, 현재 상황을 객관적으로 파악하기란 말처럼 쉽지 않다.

현재는 기업이 미래를 낙관해 투자를 확대할 시간일까? 아니면 기업이 미래를 비관해 투자를 자제할 시기일까? 그 기준은 어떻게 정할까?

세계적인 경제호황으로 늘어나는 수요를 충족시키기 위해 기업은 공급라인을 더욱 확대시킬까? 아니면 지금의 수요는 경기 정점의 거품이기 때문에 공급라인을 현재 상태로 유지할까? 만약 경기에 대한 경영자의 판단이 틀려 경쟁회사에 주도권을 뺏기는 것은 아닐까?

기준이 모호한 상황에서 객관적인 시각으로 경기변동을 판단하기는 어렵다. 과거의 사실로 경기의 확장, 정점, 쇠퇴, 바닥을 구분하기는 비교적 쉽다. 하지만 현재를 바탕으로 미래의 경기변동을 예측하고 어디까지가 과열이고 어디까지가 침체인지 자신 있게 답하는 것은 힘든 일이다. 결국 경기변동에 대한 정확한 예측은 개인의 능력을 뛰어넘는 일이다. 경기를 예측하는 것은 미래를 예측하는 일이기 때문이다.

때문에 우리는 시장을 이길 수 없는 또 한 가지 위기에 봉착하게 된다. 경기를 이해하는 것은 투자의 기본에 속한다. 하지만 앞서 봤듯이 전문화된 집단인 기업조차 경기의 확장과 정점 구간일 때 과잉설비, 과잉구매, 과잉고용에 나서는 판이다. 기업은 좋아진 실적을 자랑하기에 여념이 없고, 언론은 언론대로 장밋빛 전망을 쏟아놓는다. 반대로 침체와 바닥국면일 때 기업은 오늘 파산할지 내일 파산할지 모르는 비관적 분위기에 지배당한다. 그리고 언론 역시 비관적인 헤드라인을 뽑는다.

간단히 말하자면 경기가 확장과 정점의 구간일 때는 사회 구성원 모두가 미래를 밝게 보고, 경기가 침체와 바닥의 국면일 때는 사회 구성원 모두가 비관적인 전망을 한다. 이런 분위기에서 개미들은 군중심리에 휩싸여 매매하기 쉽다.

개미들은 군중심리에 맞서 싸울 이성적 능력과 철학적 사고가 부족하다. 사람들은 본능적으로 고독한 걸 싫어하고 외로운 걸 두려워한다. 모두가 진실이라고 말할 때 홀로 거짓이라 말하기가 얼마나 어려운지 경험적으로 알고 있다. 만에 하나 틀렸을 때 주위 사람들이 멸시와 조롱을 보낼 것을 떠올리면 소름이 돋는다. 혼자 잘난 척한다고 온갖 비난을 받을 텐데 어떻게 감당하겠는가?

이런 인간의 본성상 경기순환 과정과 이론을 알고 있다고 해도 막상 현실에서는 어떤 국면에 속해 있는지 파악할 수가 없다. 경기의 정점에서 다가올 침체를 예측해야 하지만 더욱 높은 정점을 기대하게 되고, 경기의 바닥 구간에서 다가올 확장을 바라봐야 하지만 더욱 암울한 바닥을 예상하며 공포에 떨게 된다. 그래서 경기의 정점일 때 투자를 가장한 투기를 일삼고 바닥에서 투매하는 일이 반복된다.

경기변동의 확장, 정점, 침체(수축), 바닥은 우리 인간 활동의 산물이다. 산업은 살이 찌고 다이어트를 하는 과정을 반복한다. 산업은 과잉투자, 과잉설비, 과잉고용으로 비대해졌다가 건강을 위해 다시금 다이어트를 시작한다. 다이어트를 하면서 산업은 더욱더 효율성이 높아지며 기술혁신이 발생한다. 이와 같은 산업의 자연스러운 성장과 침체의 원인은 투자의 주체인 인간에게 있다. 경기가 확장하고 정점을 향해 가고 있다는 것은 모두가 미래를 낙관하고 있다는 것이며, 경기가 침체하고 바닥국면으로 가는 것은 모두가 미래를 비관하고 있기 때문이다.

이런 환경 속에서 투자자는 심각한 딜레마에 빠져든다. 각종 자료를 수집하여 열심히 연구하고, 경기 선행지수와 동행, 후행지수를 분석하여 합리적으로 국면을 판단했다고 해서 투자도 합리적으로 할 수 있을까? 개인인 개미가 경기 정점이라고 판단해도 각종 전문화된 집단과 기업 그리고 언론매체가 아직도 정점은 멀었다면서 더 높이 갈 수 있다고 부추길 때 과연 자기 소신대로 투자를 할 수 있을까? 반대로 개미가 경기 바닥이라고 확신해도 전문화된 집단과 기업이 파산하고 각종 언론매체가 입을 모아 비관적인 기사를 보도할 때 과감하게 투자에 나설 수 있을까?

A라는 주식을 1만 원에 매수한다. 적정가는 2만 원이라고 생각한다. 그래서 1만 8천 원에 이르자 전량 매도한다. 수익률로 보면 80%다. 하지만 A라는 주식은 2만 원을 넘어 3만 원을 간다. 그도 모자라 3만 원을 넘어 4만 원의 가격을 형성한다. 각종 언론매체와 전문가들은 A라는 기업의 가치를 10만 원으로 잡는다. A 주식을 매수한 사람들은 우수한 수익률을 넘어 떼부자가 된다. 상황이 이렇다면, 초반에 수익을 실현한 투자자는 과연 초연할 수 있을까?

열이면 열, 섣부른 행동을 자책하며 일찍 팔아버린 스스로를 원망할 것이다.

"아, 그냥 들고 있으면 400%인데……. 전문가들 말에 의하면 앞으로 1,000%도 갈 수 있다는데……."

결국 4만 5천 원에 다시 매수한다. 그러고는 목표가 10만 원을 바라보며 꿈에 젖는다. A 주식을 재매수하지 않더라도 비슷한 양상의 B 주식이나 C 주식을 추가매수할 수도 있다. 하지만 고점인 것은 모두 마찬가지다.

이것이 일반적인 우리들의 매매 패턴이다. 처음에는 당연히 이성적으로 투자하지만 시간이 지나면서 본능을 따라 감정적으로 매매한다. 아무리 공부하고 노력해도 고점에서 매수하고 저점에서 매도하는 행태를 반복하게 된다면, 피땀 흘려 번 돈을 투자가 아닌 투기로 날려버리는 것이다. 그래서 적어도 무엇이 그렇게 만들어 가는지 그 원인이라도 제대로 이해해야 한다.

03.. 경기를 혼란스럽게 하는 신용창조

앞에서 경기변동의 각 구간이 어떤 모습인지 이해했을 것이다. 하지만 뭔가 석연치 않다. 매번 전쟁이 일어나서 위기가 조장된 것도 아니고, 큰 자연재해로 생산시설이 파괴된 것도 아니며 전염병이 돌아서 생산인구가 줄어든 것도 아닌데 경기변동은 왜 급격하게 이루어지는 것일까?

그 원인을 이번에는 '화폐적 현상'에서 찾아보자. 그러기 위해서는 신용화폐 제도에서 출발해야 한다. 자본주의 체제에서 돈은 우리 몸의 피와 같다. 기업은 돈을 벌기 위해 상품을 만들어 공급을 창조하고, 개인은 돈이 있어야 기업이 만든 상품을 사면서 수요를 창출한다. 시중에 유통되는 돈이 많을수록 공급과 수요가 원활하게 일어나면서 경기에 활력이 넘치게 된다. 반대로 시중에 유통되는 돈이 적어지면 기업은 상품을 만들 의욕이 점점 사라지며 개인은 물건을 사고 싶어도 돈이 없어서 살 수가 없으므로 경기가 급격히 침체된다. 이런 이유로 경제 체제에서 돈의 흐름은 무엇보다 중요하다. 돈의 생성과 소멸 그리고 경기의 변동과 유동성 간의 상관관계를 파악할 수 있다면 훨씬 더 노련하게 투자할 수 있다.

현재 금융정책 대부분은 자유로운 시장경쟁을 바탕으로 돈의 흐름을 적절히 통제하고, 시중에 경제를 활성화시킬 유동성을 공급하면서 인플레이션을 최소화시키는 것이다. 여기서 '돈의 흐름'을 통제한다는 말에 주목하자.

앞에서 우리는 '달리는 금'이라는 메커니즘이 세계 자본주의의 토대라는 전제를 이미 접했다. 그만큼 우리가 살아가는 세상은 생각하는 것만큼 그렇게 합리적이지가 않다. 일상생활에서의 돈은 합리적이고 객관적인 것처럼 보인다. 하지만 돈에는 생각보다 비합리적이고 주관적인 요소가 많다. 돈 자체가 자연적인 것이 아니라 인위적인 통제를 받기 때문이다.

"돈을 인위적으로 찍어내거나 줄일 수 있다고?" 그렇다. 신용화폐 제도 안에서 정부는 얼마든지 돈의 양, 즉 통화량을 조절할 수 있다. 여기서 우리가 주목해야 할 점은 단지 정부가 돈을 통제할 수 있다는 사실뿐 아니라, 무엇보다 공정하고 객관적이어야 할 돈이 권력기관과 어떤 집단의 힘에 의해 통제될 수 있다는 사실이다.

화폐는 일종의 상품이다. 다른 상품과의 차이점이라면 사회의 모든 업종과 기관 그리고 모든 사람에게 필요하다는 점이다. 화폐 발행권을 통제하는 것은 모든 종류의 독점 중 최고의 형식이다.

자본주의 체제 안에서 돈을 통제한다는 것은 돈을 신앙처럼 삼고 살아가는 우리를 직·간접적으로 통제하는 것과 마찬가지다. 금본위제와 달리 현재 신용화폐 제도에서는 정부가 마음대로 돈을 찍어낼 수 있다. 그런데 더 큰 문제는 정부뿐만 아니라 각종 금융기관마저도 돈을 찍어낼 수 있다는 것이다. 꼭 눈에 보이는 만원짜리 같은 지폐를 찍어내는 것이 아니라, 개인의 신용이나 노동력 등 어떤 담보든지 가리지 않고 미래에 창조될 수 있는 가치를 할인하여 얼마든지 가짜 화폐, 곧 신용화폐를 창조해낼 수 있다.

예를 들어보자. 집을 사려는 사람이 은행에서 대출계약서를 쓰면 은행은 '대출증서'를 자산으로 삼아 대차대조표의 자산항목에 기입한다. 그와 동시에 동등한 수량의 부채를 창조한다. 은행의 이러한 부채가 경제적 의미로는 화폐와 동등하다는 점에 주의하기 바란다. 다시 말해서 은행은 대출을 내줌과 동시에 화폐를 창조한다.

과거 돈이 금이라는 확실한 사슬로 묶여 있던 금본위제 때에도 은행가들은 신용을 창조했다. 금본위제 당시의 은행은 돈 많은 부자가 금을 보관하는 곳이었다. 은행은 부자들의 사설 경호업체의 성격을 가지고 있었다. 그래서 은행은 이자를 지급하는 것이 아니라 금 보관료를 받았다. 하지만 머리 좋은 은행가들은 부자들이 금을 보관해놓고 거의 찾아가지 않는다는 사실을 곧 깨달았다. 그래서 원래 주인한테 허락도 받지 않고 금을 마음대로 빌려주어 이자를 챙겼다. 애초 주인으로부터 받은 금의 10분의 1 정도만 보유하고 있어도 별 탈 없이 회전시킬 수 있다는 사실을 깨달은 것이다. 그 뒤로 은행가들은 더 많은 금을 유치하기 위해 보관료가 아니라 이자를 지급했다. 여유 있는 부자한테 금을 보관한다는 명목으로 받아서 당장 금이 필요한 사람에게 고금리를 받아 챙기는, 속칭 이자놀이를 한 것이다.

과거 금에 의해 화폐가치가 고정된 상황에서도 은행은 합법적으로 본래 금이 가진 가치 이상의 가짜 금을 만들어냈다. 은행은 부자들이 일시에 금을 빼가지 않는다는 사실을 알고 있었으며 가끔 찾아오는 부자의 금만 돌려주면 되었다. 그래서 보관하는 금의 신용증서를 만들어 중간에서 이자 수입을 챙겼다.

과거 금본위제에서조차 이렇게 가짜 금을 만들어 신용을 창조했으니 신용화폐 제도에서는 얼마나 무궁무진한 신용창조가 가능하겠는가.

04.. 무리한 신용창조가 거품을 만든다

오늘날 중앙은행이 본원통화를 공급하면 은행은 예금 및 대출 업무를 통해 파생통화를 공급한다. 파생통화를 공급하는 과정을 신용창조라 한다. 본원통화의 공급으로 이루어지는 예금을 본원적 예금(primary deposit)이라 하고, 파생통화의 공급으로 이루어지는 예금을 파생적 예금(derived deposit)이라 한다. 이러한 현재의 신용창조 형태를 과거 금본위제 때와 비교해보면 중앙은행에서 찍어내는 진짜 돈은 금과 비유할 수 있고, 은행에서 만들어낸 파생통화는 가짜 돈인 금의 신용증서로 비유할 수 있다.

하지만 현재 은행 제도는 훨씬 더 치사하다. 우리가 은행에 돈을 맡기는 순간 돈은 우리 돈이 아니다. 은행 돈이 되는 것이다. 은행은 단지 우리가 돈을 달라고 할 때 주면 그만이다. 은행에서 보호

받을 수 있는 돈이 5천만 원이라는 사실을 알고 있는가? 5천만 원 이상 은행에 맡겼다가 은행이 내 돈을 잘못 운영해서 파산이라도 하면 은행은 5천만 원만 돌려주고 그 이상의 금액에 대해서는 법적 책임을 지지 않는다. 그것도 은행이 주는 게 아니라 예금자보험 제도를 통해서 지급한다. 이를 보면 은행이 자본주의 체제에서 얼마나 무자비한 권력을 휘두르는지 알 수 있다.

은행에 의한 신용화폐와 파생통화의 유동성 확대는 일시적으로는 경기를 활성화시키지만 결국은 인플레이션과 물가상승을 가중시킨다. 이러한 거품이 터질 때 피눈물을 흘리는 이들은 열심히 사는 애꿎은 개미들뿐이다.

1997년 외환위기는 대기업의 문어발식 확장과 이에 발맞춘 은행의 무리한 대출, 상품매매, 광물투기가 그 원인이었다. 그리고 2003년 카드사태는 길거리에서 신용카드를 남발한 결과라는 것을 모두 기억할 것이다. 소득이 없는 사람에게도 무차별적으로 카드를 남발하여 카드 돌려막기와 카드깡으로 인생을 파멸의 길로 치닫도록 만들었다. 그리고 세계적인 부동산 투기 바람을 타고 2008년 서브프라임이 본격적으로 세계를 강타했다.

은행은 모기지대출을 내주는 동시에 '무에서 유를 창조'한다. 일반인이 상상하는 것처럼 어떤 예금주의 저축을 또 다른 사람에게 빌려주는 것이 아니다. 이는 곧 아직 발생하지 않은 미래의 노동력을 화폐로 미리 찍어내 유통에 진입시키는 것이다.

IMF 때는 대기업의 허상뿐인 성장성과 수익성의 가치를 보며 미래를 할인해서 가짜 돈을 창조했고, 카드위기 때는 개인의 생명과 신용을 담보로 미래를 할인하여 가짜 돈을 창조했다. 또한 서브프라임 때는 장담할 수 없는 미래의 주택 가격과 노동력을 담보로 가짜 돈을 창조해 부동산 투기를 조장하였다.

자본주의 체제 안에서 살아가는 우리는 너나 할 것 없이 화폐 환상에 빠져 돈에 집착한다. 누구든 일단 무조건 돈을 많이 갖기를 원한다. 하지만 냉철하게 생각한다면 돈을 많이 갖는다는 것은 결국 종잇조각에 '0'을 몇 개 더 붙이는 것일 뿐이다. 정작 생각해야 하는 것은 실질적인 소유권, 돈과 교환할 수 있는 실제적 재화가 어떠한가 하는 점이다. 예를 들어 근로자의 임금이 7% 올랐지만 그해 물가상승률이 10%였다면 실제로 임금은 3%나 하락한 것이다.

또 다른 예로 정찰가가 아닌 경매가격을 생각해보자. 가격이 정해지지 않은 어떤 물건이 있다고 가정하자. 그리고 경매에 참여하는 A, B, C라는 세 사람이 있다고 하자. 이때 그 물건의 가격은 어떻게 정해질까? 세 사람 모두 100만 원씩을 갖고 있으며 똑같이 그 물건을 소유하기 원한다. 이런 경우 물건값은 10만 원이 될 수도 있고, 20만 원이 될 수도 있다. 세 사람의 원하는 정도가 어떤가에 따라 달라지겠지만 누구도 양보할 기색이 없다면 가진 돈의 한계에 이를 때까지 물건 값은 계속해서 올라갈 것이다.

한편, 같은 상황에서 이번에는 세 명이 가진 돈이 각각 10만 원씩이라는 점만 다르다고 해보자. 앞에서와 같은 물건이고 같은 사람들이 경매에 참여한다. 이 경우가 앞에서와 다른 점은 무엇일까? 바로 물건 값의 한계다. 원하는 사람이 많아 지속적으로 경쟁이 될 때 가격은 계속해서 올라간다. 그렇지만 첫 번째 경우와 두 번째 경우에서 같은 물건이라도 첫 번째 경우가 무조건 비싸게 팔린다.

결국 돈이 많아진다고 해서 부자가 되는 것이 아니라는 얘기다. 원하는 것을 갖기 위해 더 많이 지불해야 한다면 소용이 없지 않은가. 실질적인 생산성과 효율성을 동반한 경제성장이 뒷받침되지 않으면 돈의 단위는 무의미한 것이다.

그러므로 통화량을 적절하게 관리하는 것이 신용화폐 체제에서 얼마나 중요한 일인지 알 수 있다. 통화량을 늘리면 생산성과 효율성이 따라가지 못해도 일시적으로는 경기가 활황으로 치닫는다. 말 그대로 거품이 낀다. 또한 통화량을 일시적으로 줄여버리면 생산성과 효율성이 그대로 있어도 침체를 겪게 된다. 현 체제에서는 통화량의 조질을 통해 얼마든지 난기석으로 경기를 변화시킬 수 있다.

문제점은 통화량의 확대로 경제에 인위적인 거품이 만들어지고 결국 그 거품 때문에 대중들은 투기 유혹에 빠진다는 것이다. 그런데 어이없는 것은 이렇게 투기 환경을 조장해놓고 책임을 항상 개인에게 떠넘긴다는 것이다.

우리는 2003년 카드사태를 겪으면서 우리 경제가 무리한 신용창조를 이용해 유동성을 확대하면 나중에 분명히 고통을 당한다는 사실을 몸소 체험했다. 하지만 카드사태를 겪은 지 몇 년 지나지도 않았는데 은행에서는 낮은 금리로 주택담보대출을 활용하라고 서민들에게 적극 권유하기 시작했다. 나는 그 대출자금이 주로 부동산 투기에 이용된다는 것을 알았을 때 '이건 아니다! 이 거품 터지면 다 죽겠구나!' 하는 생각을 했었다.

그러면 이쯤에서 우리가 당면한 가슴 아픈 현실에 대해 생각해보자. IMF를 겪으면서 한국 정부는 하는 수 없이 미국의 조건들을 받아들이고 미국의 은행지점들을 한국에 설립하도록 허락했다. 한국 기업은 반드시 국제회계의 원칙을 따라야 했으며, 금융기관은 국제회계사무소의 회계감사를 받아야 했다. 또 한국 중앙은행은 독립 운영되어야 하며 완전한 자본 계정하의 화폐 자유 교환, 수입허가증 수속 투명화, 기업 구조조정 감독, 노동시장 개혁 등 각종 개혁 조치가 잇달았다.

특히 주식시장에는 외국인의 주식취득 제한 조항이 철폐되면서 외국인 보유물량이 급격하게 증가했다. POSCO, 삼성전자, 현

표 1 | 은행의 외국인 지분투자 비율(2011년 9월 기준)

KB금융	63%
신한지주	61%
외환은행	71%
하나금융지주	66%
부산은행(BS금융지주)	58%
대구은행(DGB금융지주)	73%
우리금융	22%
기업은행	14%

대차 등 우리나라를 대표하는 기업들의 외국인 지분율이 대부분 50%를 넘고 있다. 그중에서도 내가 가장 우려하는 것은 은행주에 대한 외국 자본의 장악이다.

정부가 아직 민영화하지 않은 우리금융과 기업은행을 제외하고 다른 은행은 모두 외국인 지분 비율이 50%가 넘는다. 이런 상황에서 우리 정부는 국내 통화량에 대한 통제능력이 있을까? 만약 통제능력이 없다면 우리 돈의 가치에 대한 결정은 누가 하는가?

우리나라의 주요 은행은 엄밀히 말해 정부의 통제를 거의 벗어나버렸다. 이것은 우리 경제가 건강하게 발전하는 데 심각한 장애 요소다. 경제활동은 통화량 조절을 통해 얼마든지 인위적인 조작이 가능하기 때문이다. 우리나라 안에서 설립되어 운영되는 은행은 우리나라 국민이 피땀 흘려 창출한 부가가치와 생산성, 효율성 그리고 우리의 문명이 저장되는 곳이다. 더욱이 은행은 가짜 돈을 마음껏 찍어낼 수 있는 무소불위의 권력을 갖는다.

그러므로 은행의 건전성이 훼손되면 해당 은행의 건전성만이 아니라 금융시스템 자체의 건전성 훼손으로 이어진다. 자본주의 경제의 금융 체제는 돈이라는 숫자로 거미줄처럼 엮여 있기 때문에, 돈 창조의 근원지인 한국은행과 그 외의 민간은행 중 하나라도 파산하면 연쇄적으로 붕괴하게 되어 있다. 과거 금본위제처럼 돈과 금이 연결된 것도 아니다. 지금의 돈은 오직 허울만 좋은 신용, 즉 가짜 돈이다. 은행이 망해버리면 돈에 대한 신용 역시 사라져버린다. 그러면 모든 것이 먼지처럼 사라져버린다. 우리는 다 같이 죽는 것이다.

이런 이유로 은행을 망하게 할 수 없다. 때문에 은행이 경영을 제대로 못해서 부실해지거나 어떤 잘못을 해서 큰 위기에 봉착했을 때, 정부는 우리의 피와 땀인 세금으로 조성한 공적자금을 투입한다.

05.. 원화의 통제력은 누구에게 있을까

　현실적으로 지금 대부분의 돈은 미래를 할인하여 만들어낸 신용화폐다. 미래가치는 그것이 무엇이든 은행가의 판단에 따라 현재로 할인할 수 있다. 그러므로 은행가의 판단이나 역할에 따라 돈의 흐름이 결정되며, 그 결정에 따라 자금이 돌아가고 투자가 발생한다.

　당장에 돈을 벌지 못해도 발전가능성이 있는 중소기업에 위험을 감수하는 투자를 하고 열심히 공부하고 일하는 청년들에게 창업자금을 융통해주어서 일할 기회를 준다면, 사회는 역동적으로 변화하고 실업 문제가 개선되며 미래가 희망으로 가득 차게 될 것이다. 또한 경제에 거품이 끼지 않도록 적절한 통화량을 투입하고 인플레이션을 다스리면 우리 모두는 안정적인 삶을 유지할 수 있다. 경제 역시 안정적으로 성장해나갈 수 있다. 이렇듯 자본주의 체제 안에서 자본의 흐름과 그 흐름을 규제하는 일은 삶에 큰 영향을 미친다.

신용화폐 제도의 본질은 인간의 역량과 활동 능력을 극대화시키는 것이다. 우리는 필요한 곳에 얼마든지 재량으로 자금을 공급할 수 있다. 자금이 흐르는 곳에 우리의 관심과 사랑이 있고 모든 활동이 극대화되며 피와 땀이 서려 있다.

우리가 피땀 흘려 이룩한 재화나 용역의 가치는 종국에는 은행으로 흘러가게 되어 있다. 국내에 설립된 은행은 우리 국민의 모든 것이 담겨 있는 보물창고나 마찬가지다. 은행이 돈을 어떻게 통제하고 흐름을 주도하느냐에 따라 다시금 우리 삶의 패턴도 변화한다. 이처럼 우리 삶과 은행은 우리가 피상적으로 알고 있는 것보다 훨씬 근본적인 연관성을 갖는다.

하지만 주요 대형은행의 외국인 지분율이 50%가 넘어가는 상황에서 우리나라 정부는 민간은행에 대하여 통제력을 가질 수 있을까? 다시 말해 정부는 대한민국 원화의 통화량에 대해 통제력을 가질 수 있을까? 자본주의의 중심이 되어 무소불위의 권력을 가진 은행의 독주는 누가, 어떻게 막을 수 있을까?

신용화폐를 창조할 수 있는 은행이 사기업처럼 이익 챙기기에만 급급할 때 나라의 경제는 어떻게 될까? 모든 은행의 절반 이상에 해당하는 지분이 외국인에게 넘어간 어이없고 허탈한 현실을 바라보며 나도 모르게 신음 같은 한마디가 나온다. "망했다!"

우리 국민의 보물창고는 우리가 모든 보물로 채웠음에도 우리의 것이 아니라는 기가 막힌 현실을 마주하게 된 것이다. 우리는 누구를 위하여 돈을 모은 걸까?

나는 이 글을 통해 '외국자본을 몰아내고 국내 은행을 되찾아 자주 자본국가를 건설하자!'라는 식의 극단적인 논리를 펼치려 하는 것이 아니다. 다만 현실이 이렇다는 사실을 보다 많은 사람들이 알기 바라고 안이함에서 빠져나오길 바랄 뿐이다.

정부가 통화량 통제능력을 상실한 이상 우리나라 경기는 더욱 급격한 변동을 겪을 수밖에 없다. 경기변동의 원인을 실물적 경기변동 이론과 화폐적 경기변동 이론으로 나누었을 때, 실물적 변동은 우리 눈에 산업의 흐름이 보이기라도 하지만 화폐적 변동은 도저히 감을 잡을 수 없을 정도로 은밀하게 진행된다. 돈이 갑자기 저절로 많아졌다가 갑자기 저절로 사라지면서 정신을 차릴 수 없게 만든다.

이런 이유로 점점 아리송해진다. 경기변동은 실물적 변동 외에도 화폐적 변동으로 인위적인 조작이나 통제를 할 수 있기 때문이다. 생산은 일정한데 화폐 공급량을 늘리면 일시적으로 경기가 활력을 띠고, 생산은 일정한데 화폐 공급량을 감소시키면 경기는 일시적으로 침체를 맞는다.

  때문에 화폐량의 변화에 따라 실물경기가 나빠도 주가는 올라가고 실물경기가 좋아도 주가는 내려간다. 주가는 선행한다고, 원래 실물경기랑 다르다고 전문가들은 한결같이 말한다. 하지만 그 말은 우리한테는 '나도 모른다!'라는 소리로밖에는 들리지 않는다. 우리는 묻고 싶다. "얼마나 선행하는 건데요? 6개월 선행하는 거면 지금 주가가 오르니까 6개월 뒤에 경기가 회복되는 건가요?"라고. 여기에 자신 있게 대답할 수 있는 전문가가 과연 있을까? 전부 다 어림짐작일 뿐이다.

  언제든지 위기를 조장해 통화량을 줄임으로써 경기를 침체와 바닥국면으로 빠뜨릴 수 있고, 언제든지 장밋빛 전망으로 유혹해 통화량을 늘림으로써 경기를 확장과 정점국면으로 끌어올릴 수 있다. 분명한 건 파생통화와 신용통화의 가짜 돈을 창조할 수 있는 은행이 더는 우리 국민의 편이 아니라는 것이다.

  은행이 작정하고 돈만 벌겠다고 나서면 어떻게 될까? 경기의 확장과 정점인 구간, 즉 시중에 통화량이 풍부할 때 무리한 투자를 하고, 경기의 바닥과 침체인 구간, 즉 시중에 통화량이 메말랐을 때 그 여파로 파산을 하게 된다. 이런 이유로 재화와 용역이 풍요한 문명 속에서 살아가면서도 계속해서 가난해지고 빚만 잔뜩 쌓여가는 것이다.

경기가 좋아지고 주가가 오르면 사람들의 기분도 덩달아 좋아진다. 주위에서는 주식이나 펀드, 부동산에 투자해서 돈을 벌었다는 사람들이 나타난다. 시중에 돈이 넘쳐나고 경제가 힘차게 돌아간다. 찬란한 문명, 기업의 놀라운 혁신, 언론의 장밋빛 전망에 모두들 취해 있다. 기존에 투자해서 벌어들인 돈에 신용을 추가해서 다시금 재투자를 한다. 주가가 계속해서 오를 것이라고 모두가 확신하고 낙관적이 된다. 모두가 투자를 한다. 거품이 늘어간다. 다들 마음껏 마시고 즐긴다. 거품은 더욱더 늘어간다. 그런데 그 거품은 뜻하지 않은 순간에 갑작스럽게 뻥 소리를 내며 터진다. 경기 상승을 뒷받침할 돈이 사라진다. 금리가 오른다. 우리는 망한다.

주가가 오른다고 해서 경기가 좋아지는 것은 아니다. 단기적인 주식의 가격이란 그저 사는 사람이 많으면 오르고 파는 사람이 많으면 떨어지는 것이다. 시중에 유동성이 넘쳐나면 단기적으로 주가는 오르게 되어 있다. 반대로 시중에 유동성이 마르면 주가는 내려가게 되어 있다.

주가를 움직이는 요소는 엄청나게 많다. 화폐적 경기변동도 그 중 한 요인일 뿐이다. 다만 우리가 가장 경계해야 할 것은 경기변동 또한 조작할 수 있다는 사실이다.

7장
언론과 금융기관의 교묘한 술수

대중매체는 수익을 위해서 대중의 눈치를 보며 진실을 왜곡하고 더욱이 은행과 증권회사는 자신들의 이익을 위해 투기 조장도 불사한다. 그 틈바구니에서 우리 개미는 개미대로 이익을 위해 온 힘을 다한다. 모두 자기 입장에서 이익을 얻기 위해 최선을 다하는 것이기 때문에 이를 두고 뭐라 할 수는 없다. 하지만 항상 가장 큰 피해는 개미가 입으며 그 책임도 전적으로 개미에게 전가된다는 것이 문제다.

01.. 대중매체의
   진실 혹은 거짓

우리는 투자할 때 보통 언론매체를 참고한다. 그런데 대중 언론이 항상 진실만을 보도할까? TV, 라디오, 신문이나 기타 인터넷 매체를 대하는 우리의 태도에 대해서 생각해보자. 투자를 할 때 대중매체에 대한 철학을 가지는 것은 기본 중의 기본이다. 세상의 진실과 거짓을 판단하지 못하면 누구도 투자에 성공할 수 없다. 결론을 말하자면 언론은 때로 진실을 거짓이라 하고 거짓을 진실이라 한다. 언론 역시 영리를 추구하는 하나의 기업일 뿐이기 때문이다.

언론매체의 공적 성격 때문에 흔히 간과하기 십상인데 그들 역시 존재 목적을 이윤추구에 두는 기업이다. 이익이나 사업성이 동반되지 않으면 망한다. 언론매체의 영업이익은 광고수입과 중계료로 이루어진다. 이런 이유로 각종 언론매체는 광고를 비싼 가격에

팔기 위해서 높은 시청률이나 청취율 또는 구독률에 목숨을 건다. 언론이 바른말을 하고 진실을 보여주기 위해 노력하는 것은 그들이 선한 집단이어서가 아니라 그것을 소비하는 우리가 진실을 듣고 싶어하기 때문이다.

행여 실제 사건이 아닌 거짓을 이야기하면 실상이 밝혀졌을 때 시청자들의 항의와 비난을 면할 길이 없다. 정치사건을 보도할 때 공정하지 못하고 한쪽 편만을 들게 되면 다른 편의 비난을 받는다. 결국 언론이 최대한 공정하게 방송하려는 의도는 다분히 '선'을 위해서가 아니라 그들의 '목적'(이윤추구)을 위해서다. 가장 큰 목적은 인기 있는 방송을 하는 것이다. 대중매체는 말 그대로 대중의 사랑을 받아야 한다. 그래야 광고료나 중계료를 비싸게 받을 수 있다.

이를 바꾸어 말하면 언론은 우리가 듣고 싶어하고 보고 싶어하는 것을 들려주고 보여준다는 것이다. 소비자의 반응에 집착할 수밖에 없기 때문이다. 여기서 왜곡이 일어난다. 대중이 바라는 미래는 진실이 되고, 대중이 바라지 않는 미래는 거짓이 되어버린다.

상황이 이러하므로 순진한 투자자는 위험에 빠진다. 주가가 상승기에 있을 때 언론은 너나 할 것 없이 희망찬 미래와 긍정적인 뉴스를 내보낸다. 주가가 하락기에 있을 때는 모든 언론이 미래를 비관적으로 보고 절망적인 보도를 한다. 대중매체는 축구나 야구 같은 스포츠를 중계하듯이 시장의 상황을 적당히 중계한다. 주가가 상승할 때는 상승의 이유를 들려주고 주가가 하락할 때는 하락의 이유를 들려준다. 간혹 전문가를 동원해 시장의 현재 상황에 기반하여 전망을 내놓기도 하지만 그것이 해당 언론사의 입장은 아니라는 것을 꼭 밝힌다. 전망을 하는 전문가의 입장일 뿐이니 맞으면 좋고 틀려도 그만이라는 것이다.

대중매체란 말 그대로 대중의 지지를 받아야 한다. 따라서 언론은 여론을 따를 수밖에 없다. 날카로운 비판과 신랄한 독설도 대중의 지지가 있어야만 빛을 발휘한다. 그러므로 대중매체의 진실이란 대중이 원하는 진실이다. 한마디로 있는 그대로의 진실이란 존재하지 않는다. 그렇다고 대중매체를 싸잡아 '다 거짓말'이라고 할 수도 없다. 간혹 진실도 있기 때문이다.

이를 보면 언론이 대중을 선동하는 것인지 대중이 언론을 조작하는 것인지 아리송하다. 언론은 대중의 눈치를 살핀다. 대중의 여론이 형성되면 맞장구를 치면서 대중을 선동한다. 이렇게 맞장구를 쳐야 대중의 사랑을 받게 되는 것이다. 그러므로 대중매체의 영향을 받아 투자한다는 것은, 그 매체에 등장해 날카로운 분석을 내놓은 장본인이 저명한 투자 전문가라 할지라도 결국 군중심리에 의한 '묻지마 투자'가 되고 만다는 사실을 인정해야 한다.

언론은 시장과 정확히 반대로 움직인다. 다수가 흥분하고 유동성이 정점으로 치닫는 주가의 꼭지 부분에서 최고 긍정적인 뉴스를 보내고, 다수가 비관하고 유동성이 사라진 주가의 바닥 부분에서 최고 비관적인 뉴스를 전한다. 하지만 이것조차 진실이라 해야 할지 거짓이라 해야 할지 알 수 없다. 뉴스의 영향으로 대중이 반응하여 그 상황을 진실로 만들 수도 있기 때문이다.

예를 들면 다수가 흥분하고 유동성이 정점으로 치달을 때, 뉴스에 의해 다수가 더 흥분하고 유동성을 더 끌어와 폭탄을 돌려가면서 추가 상승을 이끌 수도 있다. 다수가 비관하고 유동성이 바닥인 부분에서, 뉴스에 의해 다수가 더 비관하고 더 많은 매도물량과 투매가 이어져 시장은 한동안 더 하락할 수 있다. 모든 시장의 상황은 주체인 인간에 의해서 수시로 변하기 마련이다.

02.. 투기를 부추기는 금융기관

　언론매체는 대중의 사랑을 받기 위해 진실을 얼마든지 왜곡할 수 있는 집단이다. 하지만 그들은 여론을 뒤따르고 때로 선동할지언정 그에 따라 투기가 조장된다 해도 직접적인 혜택을 받지는 않는다. 그렇다면 직접적인 수혜자가 있다는 얘기인가? 그렇다. 바로 금융기관의 대표격인 은행과 증권사다. 은행과 증권회사, 기타 금융기관은 사람들이 주식시장에 들어와 진중히 투자를 하기 원할까, 아니면 치고 빠지기식 투기를 하기 원할까?

　이에 대한 대답은 금융기관의 수익구조를 한번 보기만 해도 금세 나온다. 은행과 증권회사는 무엇으로 돈을 버는가? 그들은 투기를 부추겨야만, 사람들이 더 자주 질문하고 상담하고 더 자주 매매해야만 더 많은 돈을 번다.

은행은 대출을 유도하고, 그 담보물에 싼값으로 빨간 딱지를 붙이기 원한다. 사람들이 카드를 발급받아 마구 긁어대며 현금서비스를 애용하길 원하고, 펀드도 자주 갈아타길 원한다. 증권회사는 우리에게 매매 회전을 권유한다. 말이 좋아 권유이지 실상은 강요라 할 정도다. 날마다 추천종목을 올리고 호재니 악재니 떠들어대면서 금융 전문가와 애널리스트를 동원해 전망을 수시로 바꾼다. 오늘의 상승은 내일 하락 전망의 빌미가 되고, 오늘의 하락은 내일 상승 전망의 빌미가 된다. 그렇게 입장을 수시로 바꿔야 매매 횟수가 늘어날 것이기 때문이다. 매매를 할 때마다 증권사에는 수수료 수입이 들어온다.

"투기는 안 됩니다, 투자를 하세요"라고 말하면서 자체적으로 수익률 대회를 개최하고 단기간에 수익률 500%니, 1,000%니 하는 자극적인 문구를 유포시킨다. 누구나 이들처럼만 하면 금세 떼돈을 벌 수 있을 것 같은 환상을 마구 심어준다.

중개 역할을 하는 은행과 증권사는 투기열풍이 불어야만 더 많은 이익을 취할 수 있다. 많은 금액으로 더 자주 매매하고, 손실을 내서 유료 상담을 받아야 이들에게 돈이 생긴다. 개미 입장에서는 파산으로 가는 지름길이 금융시장의 선도기관에게는 이윤추구의 길이 되어 있는 것이다.

대중매체는 수익을 위해서 대중의 눈치를 보며 진실을 왜곡하고 더욱이 은행과 증권회사는 자신들의 이익을 위해 투기 조장도 불사한다. 그 틈바구니에서 우리 개미는 개미대로 이익을 위해 온 힘을 다한다. 모두 자기 입장에서 이익을 얻기 위해 최선을 다하는 것이기 때문에 이를 두고 뭐라 할 수는 없다. 하지만 항상 가장 큰 피해는 개미가 입으며 그 책임도 전적으로 개미에게 전가된다는 것이 문제다.

애덤 스미스가 《국부론》에서 말한 '보이지 않는 손'에 대해 생각해보자.

"우리가 저녁식사를 할 수 있는 것은 푸줏간 주인, 양조장 주인, 빵 굽는 사람의 선의 때문이 아니라 그들의 이기심 덕분이다. 우리는 그들의 이타심이 아니라 자기애에 호소해야 한다. 우리에게 무엇이 필요하다고 말하면 안 된다. 그들에게 이익이 되는 것이 무엇이라고 말해야 한다. 거지만이 동포 시민의 선행에 의존해 살아간다."

사회는 인간의 이기심에 의해 굴러간다. 경제적 활동의 에너지는 이기심이 그 원동력이 된다. 이런 상황에서 우리의 투자를 남한테 맡길 수 있을까? 대중매체에 따르면서 매매할 수 있을까? 은행이나 증권사의 의견을 믿고 매매할 수 있을까?

수많은 이익집단의 힘겨루기에서 투자자는 진실과 거짓을 구별할 수 없는 세상 속에 내몰리게 된다. 그저 이리 끌면 이리 가고 저리 끌면 저리 끌려가는 도살장 돼지와 같이 흔들리게 된다.

기술적, 기본적 분석의 다양한 방법과 한계

기술적 분석을 무작정 비판하기 전에 우리의 심리는 차트 속에서 어떻게 나타나는지 그리고 과거의 주가와 거래량을 통해 무엇을 알 수 있는지 살펴보자. 투기를 제대로 파악하려면 기술적 분석의 원리를 알아야 하기 때문이다.

01.. 차트를 보면
기업을 알 수 있을까?

"가장 소중한 것은 쉽게 눈에 보이지 않는 법이다."

나는 이 말에 동의한다. 하지만 사람들은 살아가면서 종종 이 사실을 망각해버리고 눈앞의 이익만을 좇고 당장의 아름다움만 취하는 것 같다. 나는 개미가 기술적 분석에 집착하는 가장 큰 이유도 가장 소중한 것을 보지 못하고 눈에 쉽게 보이는 것만 따르기 때문이라고 생각한다.

기술적 분석은 차트분석을 가리키며 일반 투자자들이 주식매매를 할 때 주로 사용하는 방법이다. 차트로 종목을 분석할 때 가장 중요한 정보는 주가와 거래량이다. 여러 가지 현란한 보조지표가 차트 창에 즐비하지만, 보조지표는 이 두 가지를 약간 다르게 표현한 것에 불과하다.

기술적 분석에서 삼성전자, 현대차, 현대중공업을 분석하는 방법은 모두 같다. 이동평균선과 거래량, 매물대, 다른 보조지표 등을 활용함으로써 과거의 가격을 바탕으로 미래의 가격을 분석하고자 한다. 언뜻 보기에 이 과정은 과학적이고 합리적인 것 같다. 하지만 사실은 모두가 동물적 감각에 의존하는 것이다. 내일의 가격이 오를지 떨어질지의 확률은 어차피 50%이기 때문이다. 상식적으로 볼 때도 삼성전자와 현대차, 현대중공업과 같이 완전히 다른 산업에 속한 기업을 같은 방법으로 분석한다는 게 말이 되는가?

과거의 주가와 거래량만을 가지고 기업의 미래 주가를 예측한다는 것은 손바닥으로 하늘을 가리는 것과 같다. 과거에 가격이 이렇게 됐으니까 지금은 저점이고, 이 정도에서 반등했으니 이곳의 가격은 심리적 지지선일 것이다. 그리고 과거에 이곳의 가격에서 계속해서 고점 돌파에 실패했으니 이곳이 심리적 저항선이다, 하는 식으로 분석을 한다. 하지만 차트에 나타나 있는 5일선, 20일선과 같은 이동평균선은 해당 기간의 종가를 모두 더해 해당 기간의 날짜 수로 나눈 다음 연결한 것에 불과하다. 그것으로 무엇을 분석한단 말인가?

그것으로 미래의 자동차 매출액을 분석할 수 있는가? 반도체와 휴대폰의 매출 또는 미래의 기술산업에 대해 예측할 수 있는가? 중국이 무서운 속도로 대한민국의 주력산업인 중공업을 위협한다고 하는데 현대중공업이나 삼성중공업 차트를 보고 이에 대한 실마리를 찾아낼 수 있는가?

투자에는 정도가 없다고 한다. 돈만 벌면 된다고 한다. 어떤 투자든지 수익률이 가장 중요하다고 한다. 그렇기 때문에 각자에게 맞는 투자방법이 있기 마련이고, 그 방법이 옳은지 그른지는 누구도 판단할 수 없다고 한다. 때문에 기술적 분석 또한 투자의 기술 중 한 가지로 봐야 한다고 이야기한다.

'성공한 투기는 투자이고, 실패한 투자는 투기'라고 말하는 사람도 있다. 하지만 나는 기술적 분석만으로 주식을 매매하는 방법에는 동참하고 싶은 마음이 없다. 기술적 분석이라는 허울뿐인 투자방법이 개미들을 사지로 내몰기 때문이다.

기술적 분석인 차트분석의 설명을 보고 있자면 주식투자라는 것이 아주 쉬워 보이고, 심지어 게임처럼 보이기도 한다. 이들의 매매를 보고 있자면 주식을 해서 돈을 번다는 것이 오르면 벌고 떨어지면 잃는 도박판의 모습과 다를 바가 없다고 느껴진다. 어차피 확률은 50%니까 여러 가지 보조지표나 분석 도구를 사용하면 승률을 70%까지 올릴 수 있을 것 같다는 생각은 누구나 할 수 있다. 하지만 이 방법을 써서 주식시장이라는 전쟁터에 뛰어들었을 때, 언제나 승자는 거래에서 수수료를 챙기는 증권회사와 금융산업 종사자뿐이다.

처음부터 차익만 챙기겠다는 태도는 투자가 아니라 돈놀이다. 투자는 본능을 억누르고 날카로운 이성적 사고와 판단으로 앞으로의 성장가능성과 효율성, 발전과정을 지켜보겠다는 의지가 있는 것이다.

그렇다고 '우리 개미는 모두 투기만 좋아한다'고 말하면서 모든 책임을 전가하고 싶은 생각은 추호도 없다. 개미들은 다들 너무나 순진하다. 그들이 차트분석에 집착하는 이유는 증권방송이나 증권 전문가들이 차트를 자꾸 보여주면서 매수시점이니 매도시점이니 손절매니 추가매수니 하는 단어를 사용하기 때문이다.

언론매체나 증권 전문방송사는 개미들 입장에서는 신뢰할 수밖에 없는 거대기업이다. 그런데 그들이 매일같이 차트를 보여주며 어떻게 매매해야 하는지 가르쳐주는 것이다. 사실 차트를 사용하면 설명하기도 쉽고 프로그램을 진행하기도 수월해진다. 매일 전망을 해서 방송을 내보내야 하고 의견을 말해야 하는 방송국이나 증권사나 기타 금융업 입장에서는 딱히 할 말이 많지 않기 때문이기도 하다. 기업의 정책 방향이나 여타 가치는 매일 변화하는 것이 아니니까 말이다.

이런 이유 때문에 차트를 보여주면서 전망을 내놓고 어떻게든지 시청자 입장인 개미들이 주목하도록 만든다. 그런데 그 설명과 전망이 얼마나 논리적인지를 가만히 살펴본 적 있는가? 차트를 보여주면서 "여기서 팔고, 여기서 샀어야죠." "이 부분에서 적당히 차익실현하고 이 구간에서 추가매수하세요"라는 경우가 대부분이다. 정말 기본적인 상식만 가지고 들어도 헛웃음이 나올 수밖에 없다. 이미 지나간 차트를 보면서 '여기서 샀어야 한다, 저기서 팔았어야 한다'는 말은 누가 못하겠는가? 그런데 이보다 더 나쁜 점은 단기간에 샀다 팔았다를 반복하도록 부추긴다는 것이다. 이를 본 개미들은 그렇게만 하면 금방 큰돈을 벌 수 있을 것 같은 환상에 빠지는 것이다.

"인플레이션을 이용해서 복리효과를 누려라.""10년간 보유할 주식이 아니면 10분도 보유해서는 안 된다." 이런 기준으로 기업의 주식을 매수한다면 장기 투자가 된다. 그러면 매일 증시전망을 해야 하는 방송국이나 언론매체들 그리고 증권사는 무엇으로 먹고 살지 심각하게 걱정해야 할 것이다. 주식매매 중개를 업으로 하는 증권회사는 대부분 망해버릴 것이고, 시황을 설명하거나 종목을 찍어주는 증권 전문방송도 망할 것이다.

때문에 투자자들의 이목이 쉽게 집중되고, 설명하기 쉽고 받아들이기 쉬운 차트분석 일색이 되는 것이다. 물론 그 매체나 방송을 접하고 단기매매를 해서 돈을 버는 사람도 있다. 하지만 복권에 당첨되기란 하늘에 별따기라 해도 매번 당첨자는 나오는 것과 같다.

경마장에서 돈을 버는 사람은 결국 투기를 조장하는 경마장뿐이다. 강원랜드에서도 돈을 버는 사람은 결국 투기를 조장하는 강원랜드뿐이다. 경마장과 강원랜드의 도박보다 차트매매법인 단기 주식매매가 더 위험한데, 그 이유는 경마장과 강원랜드에서 도박을 하는 사람들은 자신이 투기를 하고 있다는 것을 확실히 알고 있지만 주식시장에서 단기매매를 하는 사람은 자기가 투기를 하고 있는지조차 모르기 때문이다. 돈을 벌면 벌수록 투기를 해서가 아니라 차트를 보고 실력이 늘어서 번 것이라고 착각한다. 자신의 실력에 대한 과신은 자만을 부르고 자만은 신용과 미수를 부른다. 그리고 결국은 파멸하고 만다. 차트에 전적으로 의존하는 것은 투기를 투자로 여기게끔 만들어 일반 투자자들을 사지로 몰아넣을 수 있다.

기술적 분석이라 불리는 차트분석이 더 무서운 이유는 강세장에서는 어느 정도 통하기 때문이다. 강세장에 들어서면 모두가 시장에 관심을 가지고 당장에 빨리 돈을 벌 수 있는 단기매매에 주력한다. 이런 상황에서는 지지선과 저항선 그리고 골든크로스나 데드크로스가 어느 정도 유효하기도 하다. 전국의 수많은 눈들이 차트를 들여다보며 그 지점이 지지선이나 저항선이 될 것을 예상하고, 그 예상에 맞추어 행동에 나서기 때문이다. 주가와 이동평균선의 이격이 벌어지면 다들 차익을 실현하고 20일선에서 반등의 기미가 보이면 다들 타이밍을 노려 매수하기에 바쁘다. 그리고 또다시 언론과 증권사는 차트매매를 더욱더 부추기며 투자가 아닌 투기로 끊임없이 유혹한다.

  증권사나 기타 금융업 그리고 시황분석을 하는 방송업자들은 개인들이 투자를 하든 투기를 하든, 돈을 벌든 날리든 상관이 없다. 개미들의 관심이 주식시장에 몰려 있으면 그것 자체로 큰 수익이 창출된다. 매수와 매도가 반복되면 증권사는 중간에서 수수료를 챙기고, 개미들의 관심이 주식시장에 집중되면 증권방송을 하는 매체는 시청률이 올라가기 때문이다. 그렇게 본다면 차트매매는 누구를 위한 것인가?

  누구든 차트매매를 하는 이유는 한 가지다. 빨리 돈을 벌기 위해서다. 하지만 이것은 두말할 것도 없이 자신의 소중한 돈을 도박판에 밀어넣는 행위다. 차트매매를 하는 개미는 자신이 투기를 하고 있다는 사실을 명심해야 한다. 과거의 주가와 거래량을 바탕으로 미래의 주가를 예상하겠다는 의지는 전 재산을 털어 복권에 쏟아붓는 것과 마찬가지로 의미 없는 행동이다.

  기술적 분석은 손에 땀을 쥐게 한다. 단기간의 차익실현을 노리기 때문에 계속 긴장해야 한다. 그리고 애당초 법칙이 존재하지 않는 공간에서 법칙을 찾아야 하기 때문에 항상 피곤하고 스트레스가 쌓인다. 개미들이 기술적 분석을 통해 주식을 매매하려고 하면 생업을 포기해야 한다. 오직 주식에만 매달려야 한다. 실시간으로 움직이는 주가의 등락에 목숨을 걸 수밖에 없고 어떤 선택을 해도 항상 후회와 좌절감만 가득하게 된다.

"아, 저때 매도해서 차익실현을 했어야 했는데."

"아, 저때 손해 보더라도 매도했어야 했는데."

"아, 조금만 더 들고 있어야 했는데 난 참을성이 없어. 난 바보인가 봐."

"아, 조금만 더 빨리 매도했어야 했는데 욕심이 나를 망쳤어."

벌어도 후회, 잃어도 후회, 항상 좌절과 고통 속에 몸부림치게 된다. 기술적 분석이라는 차트매매의 실상은 벌어도 속상하고 잃으면 더 속상하다. 자꾸 자신이 한심해 보이고 끊임없이 좌절감만 맛보게 된다.

혹자는 감정에 휘둘리지 말고 기계적으로 매매하면 된다고 점잖게 훈수를 두기도 한다. 하지만 차트매매를 하는 목적은 재미가 아니라 돈을 벌기 위해서다. "기계적으로 매매하라." "돈 보기를 돌같이 하라." 돈을 벌려고 매매를 하는 사람에게 이런 충고가 귀에 들어올까? '돈 보기를 돌같이 하라'는 말은 '복리의 마법을 누리기 위해 장기로 투자하라'보다 훨씬 어려운 주문이 아닐까.

02.. 기술적 분석의 손바닥으로 하늘 가리기

단기적인 주가의 변동성은 시장의 주체인 우리 모두의 심리적 영향 때문에 나타난다. 그 영향력은 실로 대단하다. 케인스는 단기적인 주식시장의 움직임을 미인대회에 비교하면서 인기투표의 공간으로 만들어버렸다. '단기적으로 내일 무슨 주식이 올라갈까?'를 생각한다면 기업의 성격이나 영업이익 등 모든 기본적인 것을 무시하고, '내일 어떤 주식이 인기 있고 사람들의 관심을 끌 수 있을까?'를 생각하는 것이 가장 효율적이라고 말했다.

차트매매뿐 아니라 공시매매, 테마매매, 외국인매매, 기술적 매매 등 단기차익을 노리는 온갖 매매법은 모두 투기로 규정하는 것이 옳은 듯하다. 공시를 보고 매매하는 것은 단기적인 시장의 관심을 이용해 짧은 시간 내에 이익을 보려는 행동이며, 테마주로 형성되어 오르는 종목들은 케인스의 미인 투표와 별반 다르지 않다.

기술적 분석을 무작정 비판하기 전에 우리의 심리는 차트 속에서 어떻게 나타나는지 그리고 과거의 주가와 거래량을 통해 무엇을 알 수 있는지 살펴보자. 투기를 제대로 파악하려면 기술적 분석의 원리를 알아야 하기 때문이다.

기술적 매매는 주식의 가격이 수급과 시장 주체의 심리에 의해 결정된다는 데 바탕을 둔다. 기술적 매매에서는 수급이 가장 중요하다. 단기 차트매매란 어차피 매수와 매도를 반복하는 치고 빠지기 수법이기 때문이다. 기술적 분석의 차트매매에서 주식의 가격은 단지 경매에 부쳐진 숫자일 뿐이다. 수급으로 인해 가격은 어떻게 형성될까?

> 주가가 올라가는 원리
> 1. 매수세력이 아주 많아서
> 2. 매도세력이 거의 없어서

당연한 말이지만 주가가 올라가기 위해서는 매수를 하는 세력이 많아야 한다. 하지만 다른 경우도 있다. 아무도 매도하지 않으면 매수 세력이 조금만 있어도 가격은 오른다.

> 주가가 내려가는 원리
> 1. 매도세력이 아주 많아서
> 2. 매수세력이 거의 없어서

이 또한 당연한 말이지만 주가가 떨어지기 위해서는 매도를 하는 세력이 많아야 한다. 그리고 매수하는 세력이 거의 없으면 조금만 매도해도 주가는 내려간다.

보통은 매수세력이 많아서 주가가 급등하고 매도세력이 많아서 주가가 급락하는 것만을 생각하기 쉽다. 하지만 매수세력이 많지 않아도 매도세력이 거의 없을 때 주가가 급등하고, 매도세력이 적지만 매수세력이 더 적을 때 주가가 급락하기도 한다.

기술적 분석은 모멘텀을 이용한 투자다. 상승은 상승을 낳고 하락은 하락을 낳는 원리를 이용한다. 대세를 따르고 시장의 가격에 순응하는 원리가 바로 이것이다.

과거의 주가와 거래량 그리고 시장 참여자들의 심리를 기준으로 차트를 바라보고, 어떤 결과를 추론할 수 있는지 다음의 그림을 통해 살펴보자.

1. 신고가 경신

그림 2 | 신고가 매매

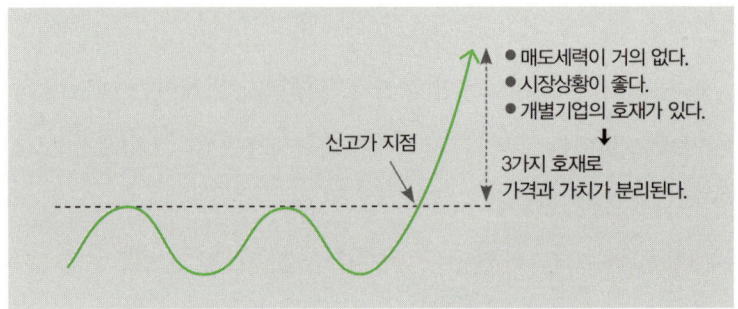

그림에서 볼 수 있듯이 일단 신고가를 경신하면 그 순간부터는 주식 보유자 모두가 수익이 나는 상황이 된다. 중간에 매도하는 물량은 급한 차익실현 물량이다. 즉, 주가 상승을 저해할 수 있는 악성 매물대가 없다는 뜻이다. 이런 상황에서는 당연히 매도세력이 많지 않다. 그리고 매도세력이 거의 없으므로 조금의 매수세력만 있어도 주가는 급등한다.

그러면 또 생각해보자. 개별기업이 신고가를 돌파하는 이유는 무엇일까?

1. 그냥 오른다.
2. 시장상황이 좋다.
3. 영업이익 증가나 신규사업 진출, 신상품 개발 등의 개별기업 호

| 재가 있다.

개별기업이 신고가를 경신하는 데에는 2번과 3번의 이유가 복합적으로 작용할 것이다. 신고가를 경신한 종목에서는 일단 매도세력이 거의 없다. 다들 수익이 나는 상황이기 때문이다. 또한 시장상황이 좋고 개별기업의 호재가 있으므로 추가상승 여지가 충분하다.

신고가 경신=매도세력 거의 없음+시장환경 좋음+개별기업 호재

우리는 여기서 재빨리 가격과 가치를 분리시켜 생각해야 한다. 모두가 수익이 발생한 상황에서 매도세력은 자취를 감추고, 분위기 좋은 시장상황과 개별종목의 호재를 통해 기업의 가격과 가치는 분리된다. 이때부터는 기업의 주식이 꿈, 희망, 사랑의 대상이 되기 때문이다. 매도물량이 거의 없어 약간의 매수에도 주가는 폭등하고, 호재는 계속해서 호재를 낳는 상황에 이른다. 가격이 무슨 상관인가? 가치가 무슨 상관인가? 사랑하는데 조건 따위가 무슨 상관이란 말인가?

거품이 끼고 그 거품이 터질 때까지 주가는 계속 올라간다. 돌덩이를 들고 그것을 금이라 생각하는 동안은 금처럼 가치가 높아져간다. 마음속 깊은 곳에 두려움을 감춰두고, 이미 사랑과 희망이

되어버린 주식은 더는 합리적인 가격이나 가치와 상관이 없다.

　보통 내공이 약한 개미들은 강세장에 들어섰는데도 이런 심리적인 매매법을 이용하지 못하고 적당히 차익실현을 한 뒤 저점 종목을 매수하는 패턴을 반복한다. 그러다가 결국 시장이 폭등하면 그때서야 거품이 가득 낀 주식에 사랑과 꿈, 희망을 품고 최고점에서 재매수하는 실수를 반복한다. 시장이 폭등할 때 저점매수 방법은 별 재미를 못 보기 때문이다.

　주식매매를 할 때 다음 중 무엇이 가장 힘들 것이라 생각하는가?

> 1. 종합주가지수가 폭락해서 다 같이 손실을 보는 구간일 때
> 2. 종합주가지수가 오르는데 내가 보유한 종목만 안 오를 때
> 3. 종합주가지수가 오르는데 보유주식이 없을 때

　1번의 경우라면 다 같이 힘들기 때문에 견딜 만하다. 3번처럼 아예 주식을 보유하고 있지 않아도 그럭저럭 괜찮다. 하지만 2번 상황이 되면 보유자는 극도의 스트레스를 받는다. 옆에서는 다들 돈 벌었다고 자랑하는데 내 종목만 안 오르면 돌아버릴 것 같다. 일단 시장이 강세장에 들어서면 시장을 이끌어가는 종목만 계속해서 상승한다. 이를 보다 못한 개미들은 결국 참지 못하고 상승 분위기에 휩쓸려 최고 강세종목의 꼭지를 잡게 된다.

일단 강세장에 들어서면 주식시장은 온 국민에 의해 투기판이 된다. 거래량은 폭증하고 국민과 모든 언론매체가 주식시장에 관심을 갖는다. 약간 과장하자면 눈감고 무작위로 종목을 선택해 매수해도 돈을 벌 수 있게 된다. 이런 상황에서 진정한 투기판의 묘미는 이미 급등한 종목을 더욱더 급등시켜 많은 사람을 순식간에 떼부자로 만들고, 그것을 뉴스화시켜 또다시 관심을 갖게 하는 것이다. 이러한 뉴스는 또 다른 투기를 낳고, 그 투기는 또 다른 투기를 만들어낸다. 거품은 거품을 만들고 결국 터질 때까지 계속 부풀어 오른다.

기관이나 외국인 같은 거대한 투자자들은 저점매수 종목보다는 악성 매물대가 없는 신고가 종목을 투기화시킨다. 이렇게 하는 것이 단기간에 돈을 벌기가 훨씬 더 유리하기 때문이다. 기술적 분석은 이러한 시장 주체의 심리상태인 사랑과 희망, 기대, 꿈, 공포, 두려움, 절망을 이용해 가치와 가격이 분리될 때 그 틈새를 이용한다. 상승장에서는 어느 가격까지 군중의 사랑과 꿈, 희망이 깨지지 않는지를, 하락장에서는 어느 가격에서 군중의 공포와 두려움, 절망이 진정되는지를 분석해내려 한다.

이것이 기술적 분석을 투기라고 부르는 이유다. 기술적 분석은 가치와 가격을 일치시키는 매매가 아니라, 가격과 가치를 분리시켜 그 틈새를 이용해 재빠르게 돈을 버는 기술이다. 꿈과 사랑, 희망으로 돌덩이를 금이라 생각하는 사람에게 돌덩이를 비싸게 팔아버리고, 절망과 두려움에 금을 돌덩이라 생각하는 사람으로부터 금을 헐값에 사들이는 것이다.

2. 바닥매수: 평형바닥과 이중바닥

시장은 종종 비이성적으로 폭등하고 폭락한다. 신고가를 돌파한 주식이 가치와 가격이 분리되어 사랑과 희망에 의해 폭등하듯이, 최저점을 깨고 내려가는 주식은 모두의 공포와 두려움의 대상이 된다. 이때도 가치와 가격은 분리된다. 최저점을 깨고 내려가면 일단 공포와 두려움이 이성을 압도한다. 주가가 폭락하는 가장 큰 이유는 매도세력이 많기 때문이지만, 매수세력이 거의 없기 때문이기도 하다. 이런 비이성적인 상황이 어느 정도 진정되고 더이

그림 3 | 평형바닥

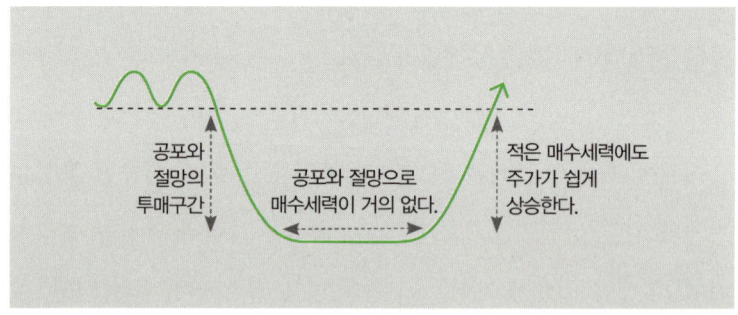

그림 4 | 이중바닥

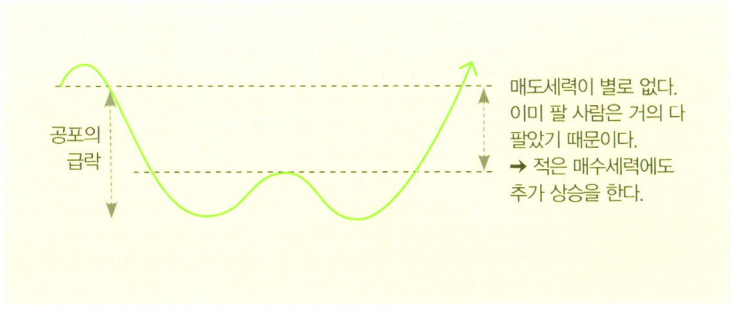

상의 투매세력이 없어지면 적은 매수 세력만으로도 주가는 반등한다.

이때 쉽게 알 수 있는 바닥의 모습은 이중바닥과 평형바닥이다. 이중바닥이 형성되거나 평형바닥이 형성되면 일단 급락이 시작된 가격대까지는 매도세력이 거의 사라진다. 주식을 내다팔 사람은 이미 모두 팔았기 때문이다. 그러므로 약간의 물량만 매수해도 주가는 쉽게 반등한다.

3. 파동의 원리

주가는 어느 한 방향으로만 지속적으로 움직이는 것이 아니라 상승을 하다가 하락으로 방향을 바꾸고, 하락을 하다가도 돌연 상승으로 방향을 바꾸는 등 파동을 만들어간다. 이 역시 주식시장에 참여하는 사람들의 심리가 반영된 것이다. 강세파동은 저점과 고점을 높여가는 파동이고, 약세파동은 저점과 고점을 낮춰가는 파동이다.

그림 5 | 강세파동

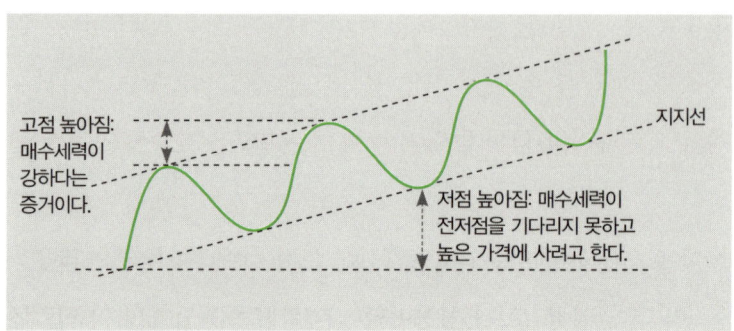

기술적 분석에서는 강세파동의 저점을 연결해 지지선이라고 부른다. 이때의 심리상태를 생각해보자. 강세파동에서 저점이 자꾸 높아지는 이유는 매수주체가 전저점까지 하락하길 기다리지 못하고 빨리 사려고 하기 때문이다. 이런 상황은 주식을 매도하려는 사람보다 매수하려는 사람의 힘이 강함을 반영한다. 강세파동에서 알 수 있는 것은 매도세력보다 매수세력이 강하다는 것이다. 하지만 언제든지 매도세력이 더 강해지면 강세파동은 사라진다.

그런데 저점을 연결해 지지선이라 부르는 것은 실상 의미가 없다. 단지 심리적 지지선일 뿐이다. '대충 이쯤이면 반등할 때가 됐는데……'라는 식으로 시장군중의 심리를 예상하여 추론한 지점일 뿐이다.

그림 6 | 약세파동

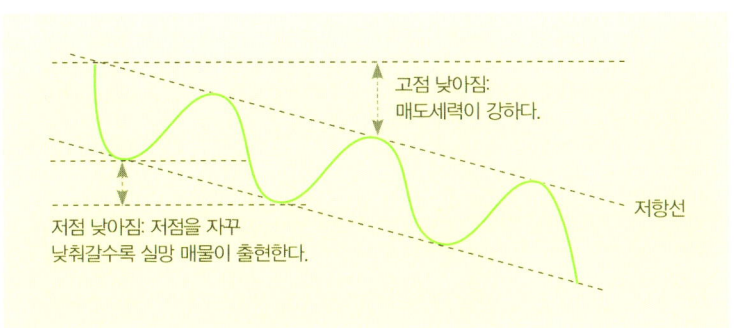

또한 약세파동의 고점을 연결해 저항선이라 부르기도 한다. 이 그림에서 투자주체의 심리상태를 파악해보자. 고점이 낮아지는 이유는 매도주체가 전고점까지 상승하길 기다리지 못하고 먼저 팔아버리려고 하기 때문이다. 또한 매도세력이 강하기 때문에 전저점을 무너뜨리면서 하락이 진행된다. 약세파동은 매수세력보다 매도세력이 강하다. 하지만 우리가 알 수 있는 것은 그것뿐이다. 매도세력보다 매수세력이 강해지면 언제든지 상승이 나타나며 저항선도 소용이 없다.

강세파동은 매도세력보다 매수세력이 강하다는 것을, 약세파동은 매수세력보다 매도세력이 강하다는 것을 보여준다. 하지만 그

파동들에서 단서로 찾아낸 지지선과 저항선도 그저 과거의 심리적인 구간일 뿐이다. 그 심리적인 구간은 매수세력과 매도세력의 의지에 의해 언제든지 바뀌어버린다.

    결론적으로 기술적 분석은 인간의 심리를 이용해서 매매하는 방법이다. 때문에 개미는 기술적 분석에만 의존해 투자해서는 안 된다. 감정을 이용한 투자는 결국 감정에 의해 투기가 될 뿐이다.

03.. 재무제표로 기업의 가치를 알 수 있을까?

　기본적 분석은 주식의 내재가치를 분석하여 미래의 주가를 예측하는 방법이다. 일반적으로 재무제표인 손익계산서와 대차대조표의 양적 분석이 큰 비중을 차지한다. 일반 투자자들이 재무제표의 숫자를 이용해서 투자하는 것은 투기적 본능을 억누르는 효과적인 수단이 될 수 있다.

　기술적 분석이 오직 시장의 심리를 이용한 투기적 행동이었다면, 기본적 분석은 기업의 손익계산서와 대차대조표를 바탕으로 미래의 잠재적 영업이익을 추정하고 재무상태의 건전성을 파악하는 방법이다. 때문에 기술적 분석에 비해서는 훨씬 이성적인 분석을 수행할 수 있다.

　하지만 기업의 손익계산서와 대차대조표를 완벽히 분석했다고 해서 투자에 성공할 수 있을까? 만약 그렇다면 애널리스트들은 필요가 없을 것이다. 그 자리를 재무제표를 꿰뚫고 있는 회계사들이 대신하면 될 테니까. 하지만 현실은 어떠한가? 회계사들이 주식투자의 귀재인가?

여기서 나는 기본적 분석의 양적 지표인 재무제표만을 맹목적으로 분석하는 개미들이 투자라는 현실적 문제에서 큰 위기에 봉착할 수 있다는 점을 말하고 싶다. 더욱이 '나는 저렇게 숫자가 가득한 회계보고서를 읽을 능력이 없기 때문에 투자를 못 해!'라는 생각 또한 오해와 편견의 소치다.

투자가 단지 재무제표의 숫자를 통해서만 올바르게 할 수 있는 것이라 생각한다면 모두 성공했을 것이다. 하지만 그렇지 않다.

기본적 분석은 대부분 개미에게 "공부를 안 해서 투자를 잘하지 못한다"며 투자 실패를 합리화시켜준다. 개미들은 기업 회계보고서를 보면 절로 주눅이 든다. 투자를 하기 위해 '이 나이에 다시' 수학을 공부해야 한다는 현실에 좌절감을 느끼기까지 한다. 회계자료의 빼곡한 숫자를 보자면 그럴 만도 하다는 생각이 든다. 설령 큰맘 먹고 기초부터 하나씩 배우려고 해도 생업을 갖고 있기 때문에 도저히 엄두가 나지 않는다. 그저 열심히 번 돈을 지키고 조금이라도 불려보려고 주식투자를 하는 건데, 재테크를 위해 생업에 지장을 받으면서까지 공부를 하기는 어렵다.

그러면 숫자를 통해 투자에서 무엇을 얻을 수 있는지 생각해보자.

앞서 투기라고 판명했던 기술적 분석을 통한 매매의 요지는 '과거의 주가와 거래량으로 미래의 주가를 예측한다'는 것이었다. 그리고 결론은 과거의 주가와 거래량만으로 미래 주가를 예측할 수 없기 때문에 기술적 분석을 통한 매매는 투기에 이르기 쉽다고 했다.

이번에는 기본적 분석을 염두에 두고 비슷한 질문을 던져보자. 과거의 실적이 미래 실적의 절대적인 근거가 되는가? 또한 과거의 자산가치는 절대적으로 미래의 자산가치와 일치할 수 있는가?

재무제표의 숫자 역시 과거와 현재의 숫자일 뿐이며 미래의 숫자는 알 수가 없다. 그렇지만 주가와 거래량에서의 숫자와는 다르다. 재무제표의 숫자는 미래의 수치를 예측하는 도구로 훌륭한 역할을 한다. 쟁점이 되어야 할 지점은 오히려 그다음 단계의 질문들이다.

그것이 얼마나 정확히 미래를 예측할 수 있다고 생각하는가? 또한 있는 그대로의 숫자가 아니라 그 숫자를 다루는 인간은 과연 얼마나 객관적으로 정보를 해석할 수 있는가? 개인과 집단의 이기심으로 인해 정보가 과장되고 왜곡될 가능성은 얼마나 되는가?

순자산과 부채를 보여주는 대차대조표를 대할 때도, 숫자만으로 이뤄진 그 표조차 경영자나 회계사가 얼마든지 조작할 수도 있다는 비판적인 생각을 해야 한다. 부채를 적게 순자산을 많게 기록하는 것은 아주 간단한 테크닉으로도 가능한 마술이다. 심지어 아무리 정직하게 작성된 대차대조표조차도 현실적인 순자산, 부채와는 분명히 차이가 있다. 대표적인 예로 부동산 가격을 들 수 있다. 대차대조표상의 부동산은 실제 가격이 아니라 취득가격으로 기록된다. 세월이 지나서 부동산의 가치가 올라도 대차대조표에서는 취득가격으로 표시된다.

이렇듯 손익계산서나 대차대조표 또한 참고자료일 뿐이라는 사실을 알아야 한다. 실제로 회사에 직접 찾아가 재무제표와 실상을 일일이 비교해보지 않는 이상 진실은 보지 못하고 왜곡된 사실만을 바라볼 가능성이 크다.

또한, 숫자 자체로는 논리적으로 아무런 문제가 없다 하더라도 숫자를 해석하는 우리에게 문제가 있을 수 있다. 누군가 권위를 이용하여 사실을 왜곡하려 하면 그 논리에 이용당하지 않을 수 있을까? 권위를 이용해서 미래를 예측하고 전망할 때, 우리가 객관적인 시각을 유지할 수 있을까?

때문에 모든 투자자는 "투자에서 과거의 숫자로 미래를 예측하려는 행동은 과연 합당한가?" 하는 질문을 스스로에게 던지고 철학적 사고를 해봐야 한다. 기본적 분석의 토대가 되는 재무제표는 숫자이기 때문이다.

"숫자는 무엇을 어디까지 평가할 수 있는가?"

"자연과학이 아닌 인문과학으로서의 숫자는 어디까지가 진리가 될까?"

재무제표를 분석해도 그것만으로는 기업의 미래를 예측할 수 없다. 재무제표는 기업의 많은 구성요소에서 단지 양적 요소의 부분을 차지할 뿐이다. 경영자의 철학과 회사의 독특한 문화 그리고 비즈니스 모델, 브랜드 네임, 영업망, 유통망 등 어떻게 보면 양적 요소보다 더 중요한 질적 요소가 있다.

숫자, 즉 '양'으로는 파악할 수 없는 다른 회사와 차별화되는 경쟁력이라 생각하면 된다. 문제는 양적 요소야 회계자료를 참고하면 되지만 질적 요소들을 어떻게 객관적으로 계산할 수 있는가 하는 점이다.

> 기업의 질적 요소
> 1. 경영자의 열정과 성실함
> 2. 회사만의 독특한 문화
> 3. 비즈니스 모델
> 4. 브랜드 네임

이러한 질적 요소를 한 가지 기준으로 평가하여 숫자로 대입하고 표현하기란 어려운 일이다. 최근 기본적 분석은 가치투자라는 말과 쌍을 이루어 사용되고 있다. 그렇지만 기업의 수많은 요소 중에서 어떤 '가치'에 무게를 더 두어 평가할 것인지는 순전히 개인적 문제로 남는다.

그런 점에서 가치투자라고 하면 뭔가 그럴듯하지만 혼란스럽다. 어떤 투자가 가치투자인가? 어디에 무게를 더 두어야 하는가? 숫자로 표현할 수 있나? 숫자로 표현할 수 없다면 기업 간에 어떻게 비교할 수 있을까? 어떤 기준을 가지고 각 회사의 경영진을 객관적으로 평가할 수 있을까? 그냥 들리는 소문으로 판단할 것인가? 경영진과 직접 차라도 마시면서 어떤 철학으로 회사를 운영하고 주주를 위해서 어떤 경영목표를 갖고 있는지 들어야 한단 말인가?

기업을 분석하고 탐방하는 애널리스트들의 예를 들어보자. 애널리스트도 사람이다. 기업을 탐방하다 보면 경영자와 개인적으로 친분이 쌓일 수도 있다. 또는 괜히 주는 것 없이 미운 사람도 있을 것이다. 이때도 과연 경영진에 대한 객관적 시각이 유지될 수 있을까?

가치투자를 하기 위해서는 기업의 내재가치를 구해야 한다는 말을 자주 듣는다. 그런데 내재가치는 아주 유동적인 개념이다. 일반적으로 내재가치는 자산, 실적, 배당, 구체적인 전망 등 '사실'을 바탕으로 정당하게 도출해내는 것으로 이해하고 있으며, 인위적인 조작이나 심리적 흥분으로 왜곡된 시장가격과는 분명히 구분된다. 그렇다고 내재가치가 시장가격처럼 분명하고 알기 쉽게 결정할 수 있는 개념이라고 본다면 큰 오산이다.

얼마 전까지만 해도 주식의 내재가치는 장부가치와 같은 것이라고 여겨졌다. 즉, 적절하게 평가한 순자산가치와 동일하다는 의

미다. 하지만 내재가치를 이런 식으로 보면 그 개념이 분명한 것처럼 보이기는 할지언정 현실적으로 아무런 의미가 없는 것으로 드러난다. 평균 실적이나 평균 시장가격 어느 것도 장부가치를 근거로 결정되는 경향은 보이지 않기 때문이다.

표 2 | 내재가치와 시장가격의 관계

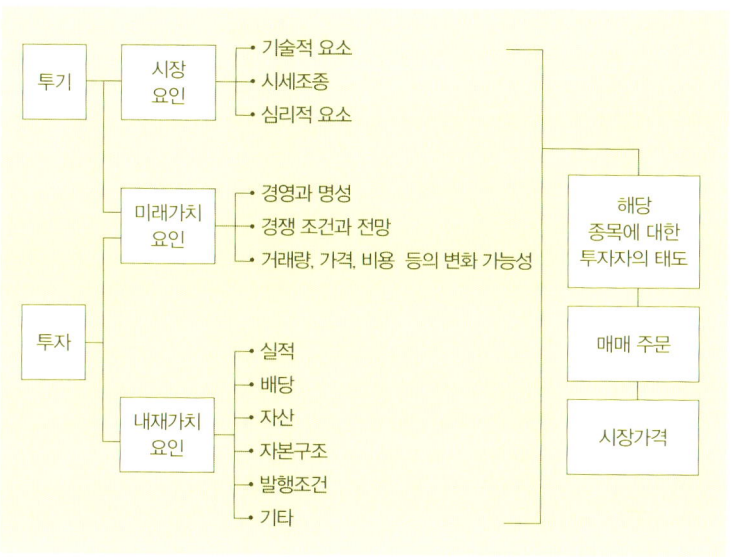

표를 보면 내재가치와 시장가격의 관계를 따져가기 위해 살펴야 하는 수많은 요소들이 제시되어 있다. 거시경제는 둘째치고 개별종목을 분석하는 데도 얼마나 많은 공부가 필요한지 느껴질 것이다. 더욱이 이 요소들은 모두 똑같은 비중을 차지하지 않는다. 때문에 시장상황에 따라 어떤 요소에 더 큰 비중을 두면서 내재가치를 구하고 미래가격을 예측할 것인지도 중요한 과제다.

일반적으로 양적 분석인 재무제표를 이용해서 주식에 투자하면 다음과 같은 세 가지 기준을 만들 수 있다.

> 1. 수익력 → 만족할 만한 순이익
> 2. 자산가치 → 적절한 유형 고정자산
> 3. 배당 → 안정적인 배당수익

각 항목의 분류는 되어 있지만 각각을 어느 정도 만족시켜야 하는지에 대해서는 일괄적으로 정할 수 없다. 확실한 숫자나 명확한 기준은 없고 '적절한' '안정적' '만족할 만한'이라는 추정치만 사용된다. 그렇다면 무엇으로, 어떻게 내재가치를 계산할 수 있단 말인가? '적절한' '안정적' '만족할 만한'이라는 추정치는 시대와 시장 상황에 따라 다르게 적용할 수밖에 없다.

만약 내가 일반적인 양적 요소의 이 세 가지 사항을 무시하면서 다음과 같은 기준을 만든다면 잘못되었다고 비판할 수 있을까?

> 1. 배당금은 주식의 가치를 평가하는 변수가 될 수 없다.
> 2. 자산과 수익력은 상관관계가 없기 때문에 자산가치는 중요하지 않다.
> ● 고로, 주식의 가치는 전적으로 미래 수익에 따라 결정된다.

증시가 약세일 때는 기업의 청산가치와 안전마진을 확보하기 위해 자산의 가치를 중요시한다. 하지만 일단 증시가 강세장으로 진입하면 자산의 가치는 안중에도 없고 다들 기업의 수익성에만 집착한다. 시장의 상황과 투자 여건에 따라 수시로 변하는 게 투자원칙과 내재가치다.

주가 변동폭이 더 커지고 한쪽 방향으로 오래 지속되면 보통 주식을 거래하는 데 투자의 관점을 유지하기가 더 어렵게 된다. 내재가치에 비해 주가가 매력적인지 아닌지와 같은 투자의 관점에서 시세가 저점인지 고점인지와 같은 투기의 관점으로 관심이 이동하기 때문이다.

이렇듯 투자의 세계에서는 아무리 분석한다고 해도 상대적인 개념일 뿐 절대적인 개념이 될 수 없다. 어떤 사물을 대할 때 똑같은 상황에 처해 있더라도 기분과 상황에 따라 보는 시각이 달라지기 마련인 것과 마찬가지다.

04.. 숫자로 표현할 수 없는 기업의 다양한 가치

'배당을 많이 주는 회사는 좋은 회사인가?'라고 누가 묻는다면 당신은 어떻게 대답하겠는가? 배당을 많이 하면 주주로서는 당장에는 좋겠지만 기업의 장기적인 성장을 위해서는 좋지 않을 수도 있다. 주주에게 당장에 좋은 것과 장기적으로 좋은 것 중에서 어떤 것이 최선일까? 다시 말해 남은 이익의 일부분을 주주들에게 배분해야 하는가, 아니면 기업의 장기적인 성장을 위해서 이익을 재투자해야 하는가의 문제가 된다.

이 역시 기업의 내재가치와 연관되므로 무엇이 정답이라고 말할 수는 없다. 또한 모든 기업, 모든 상황에 동등한 평가 기준을 적용할 수도 없다. 기업마다 경영진이 다르고 구성원이 다르며 사업 방식이 다르고 매출구성이 다르고 비즈니스 모델이 다르다. 이렇게 다양한 기업을 같은 잣대로 분석한다는 자체가 무리다.

　투자의 세계에서 'Best'는 없다. 'Better than'이 존재할 뿐이다. 투자세계에서 최고의 기업은 있을 수 없다. 상황은 늘 변하고 기술도 변하며 사람들의 기호도 시대에 따라 변하기 때문이다. '이것이 최고의 기업이다'라는 평가는 위험한 발상이며 '이것이 최선의 기업이다'라고 평가해야 한다.

　정리하자면 기업에 대해 절대적인 평가는 있을 수 없고, 경쟁기업과 비교분석하여 상대적인 평가를 한 뒤 '이것이 최선이다'라고 표현하는 것이 타당하다. 투자 전문가들은 자료를 읽고 또 읽으며 생각한다. 수많은 자료를 비교분석하면서 무엇이 최고인지가 아니라 무엇이 최선인지를 검토하는 것이다.

　때문에 주식투자에서 무조건 수익이 나게 하는 정해진 방법이란 없다. 또한 어떤 기준에 얽매여 주식을 분석하는 것도 소용이 없다. 수많은 데이터를 비교하고 분석할 수 있는 경험적 능력과 양적 데이터를 질적 측면과 연결시킬 수 있는 능력 그리고 이러한 모든 정보를 총체적으로 합쳐 다른 기업과 또다시 비교분석하여 최선의 기업에 투자하는 것이 바로 투자 전문가의 역할이다. '이렇게 하면 돈을 빨리 번다'와 같은 투기적 유혹에 빠지기 전에 투자란 이와 같은 총제적인 사고의 결과물로 이루어진다는 사실을 생각해야 한다.

기본적 분석을 할 때 PER이나 PBR과 같은 수치에 대해 이야기하는 것을 자주 듣는다. PER은 주식이 기업의 이익에 비해 몇 배로 평가받고 있는지 나타내는 수치이며, PBR은 주식이 기업의 부채를 뺀 순자산에 비해 얼마의 평가를 받고 있는지 나타내는 수치다. 간단히 말해 PER은 기업의 수익력을 나타내고, PBR은 기업의 순자산에 대한 안정성을 나타낸다. 최고의 기업은 두말할 것도 없이 수익력이 좋고 순자산의 가치가 안정적인 기업이다. 하지만 이런 기업은 드물다.

회사의 수익이 높으면 순자산의 가치가 높아지게 마련이며 수익이 낮으면 순자산의 가치가 떨어지는 것이 당연하다. 그러므로 수익이 높으면서 자산의 가치가 저평가된 회사를 찾았다면, 당연히 매수해야 한다. 하지만 이런 종목을 찾기란 말처럼 쉽지 않다. 일단 회사의 높은 수익이 일시적인 것이냐 장기적인 것이냐를 판단해야 한다. 수익이 장기적으로 좋으면서 순자산가치가 저평가된 회사는 특별한 상황, 예를 들어 전쟁이나 지진, 테러 또는 기타 심각한 거시경제의 타격을 받은 때가 아닌 이상 눈을 씻고 찾아봐도 없기 때문이다.

특히나 PER과 PBR을 분석할 때, PER은 PBR에 비해 주관적인 요소가 개입될 여지가 많다. 기업의 순자산은 고정되어 있고 비교적 객관적인 시각으로 바라볼 수 있다. 하지만 PER은 기업의 수익성으로 계산하기 때문에 주관이 개입될 가능성이 크다. 경기가 호황일 때는 기업의 미래 실적치를 낙관하게 되므로 주가가 얼마든지 고평가될 수 있기 때문이다. 그러므로 PER이라는 수치는 신중하게 분석되어야 하며 최소 과거 5년 이상의 영업이익이나 순이익을 함께 살펴봐야 한다.

이런 사정을 알면서도 왜 언론매체나 증권사 등은 어닝 서프라이즈니 어닝 쇼크니 하는 자극적인 단어를 사용하면서 단기적인 실적에 과도하게 집착할까? 이 또한 개미들의 투기를 부추기기 위해서다. 언론이나 증권사는 차분하게 최소 5년에서 10년간 영업이익이나 당기순이익을 따져 말하지 않고, 단기적 실적에 포커스를 맞춰 주가를 전망하고 예측한다. 그래야 개미들의 관심을 끌 수 있기 때문이다.

나는 PER을 전적으로 믿지 말라고 당부하고 싶다. PER이라는 수익성 수치는 단순한 참고자료에 불과하다. 투자의 세계에서 PER이 낮다고 해서 무조건 좋고 PER이 높다고 해서 무조건 나쁘다고 말할 수 없다. 일반적으로 PER이 20을 넘어가는 주식은 고평가 상태라고 생각하지만 이 또한 시대적, 상황적으로 얼마든지 달라질 수 있고 그래서 언제든지 투기적 요소가 가미될 수 있다.

반면 PBR은 PER에 비해서는 주관이 개입될 여지가 덜하다. 개별기업의 순자산은 하루아침에 쉽게 변동될 수 없는 요소이기 때문이다. PBR은 기업의 주가가 1주당 순자산에 비해 몇 배 가격으로 거래되고 있는지 한눈에 알 수 있는 지표다. 물론 순자산을 대차대조표에 있는 그대로라고 생각하는 것은 굉장히 순진한 발상이다. 하지만 순자산을 몇 배씩 부풀리거나 줄이기란 현실적으로 어려운 일이기 때문에 PER에 비해서는 상대적으로 객관적이다. 눈에 보이는 순자산을 늘렸다 줄였다 하면서 전망을 내놓는다면 금세 거짓임이 탄로날 것이다.

일반적으로 가치투자를 한다고 할 때 내재가치 중에서 순자산의 가치를 많이 본다. 가치투자의 대가 벤저민 그레이엄이 말했듯이 '길거리에 던져진 담배꽁초를 한 모금 빤다'는 논리로 아주 싼 가격에 주식을 매수하는 것이 가치투자의 기본이다. 이제부터는 벤저민 그레이엄의 투자방법에 대해 생각해보자.

벤저민 그레이엄은 대공황 시절에 손실을 입은 적이 있기 때문에 경기침체기에 자신을 보호해줄 방법을 모색했다. 바로 주식을 무조건 싸게 사고 주가가 떨어지면 추가매수하고, 최악의 상황에는 회사의 주식을 전부 매수한 뒤 회사를 청산해서 이익을 남기는 투자기법이다. 다시 말하자면 그레이엄에게는 시장환경이나 기업의 가치는 중요하지 않았고 최악의 상황에서 회사가 망할 경우 청산을 해도 돈을 회수할 수 있는 기업인가가 중요했다.

예를 들어 어느 괜찮은 기업의 시가총액이 유동자산의 3분의 2 이하면 무조건 사고, 주가가 상승해 시가총액이 유동자산과 같아지면 판다는 원칙을 고수했다. 실제로 그레이엄은 이런 방식으로 많은 투자수익을 거두었다. 여기서 유동자산이란 현금, 어음, 외상매출금, 재고품 등과 같이 바로 처분해 당장 현금화할 수 있는 기업의 재산을 의미한다. 그레이엄은 기업의 총가치가 자산 중 바로 현금화할 수 있는 자산의 66%(2/3)라면 저평가됐다고 판단해 투자했다.

그는 가능하면 분산투자를 해서 유동자산의 3분의 2 이하 종목은 무조건 매수했다. 그리고 주가가 오르든 말든 상관하지 않았다. 만약 계속해서 주가가 떨어지면 추가매수해 회사를 청산할 생각을 한다. 여기서 청산가치라는 개념이 나온다. 청산가치란 기업이 파산하여 운영을 청산할 때 소유주가 가져갈 수 있는 잔존가치를 말한다. 모든 자산을 정리하여 모든 부채를 상환하고 남은 돈이다.

투자라는 논리적 관점에서 보면 완벽한 무위험 차익거래다. 원래 원가보다 싸게 사고, 더 싸지면 추가로 더 사고, 나중에 원금 이상의 가격으로 판다. 이것이 벤저민 그레이엄의 투자방법이다.

실제로 대부분의 가치투자 분석가들은 PER보다는 PBR을 주로 본다. 하지만 개미들로서는 이것도 경계할 부분이 많다. PBR이 낮다고 해서 무조건 매수한다는 것은 위험한 생각이다. 순자산의 가치가 시가총액보다 낮은 것은 대부분 이유가 있다. 예를 들어 기업이 해당한 산업이 사양산업으로 진입하고 적자가 나면서 순자산의 가치를 점점 까먹을 수도 있다. 그리고 양적으로는 알 수 없는 질적 결함도 있을 수 있다. 경영자가 부도덕하다거나 소송에 휘말리게 될 수도 있으며, 노사관계가 원만하지 않은 경우 등 저평가 주식은 나름의 저평가 이유가 있다. 가치투자는 무조건 저평가된 회사를 찾는 것이 아니다. 내부적으로 문제가 있거나 곧 망할 회사 중에서 고르는 것이 아니라 좋은 회사 중에서 고른다는 조건이 전제되어야 한다.

하지만 이게 어디 쉬운 일인가? 또한 청산가치까지 생각하면서 주식을 매수해야 한다면 재무제표를 전문가 수준으로 읽을 줄 알아야 한다. 당장에 팔 수 있는 자산이 어느 정도인지를 파악하고, 실제로 회사가 망했을 때 재고품이나 부동산과 채권의 가치가 어떠한지도 파악해야 한다.

사실 개미가 수십억 이상의 지분투자를 하는 것도 아니고 청산가치까지 계산하면서 투자한다는 것은 상식적으로 말이 되지 않는다. 나도 PBR이 낮은 주식을 선호하긴 하지만 청산가치까지 생각하면서 매매를 해본 적은 없다. 일반적인 개미들은 열심히 일해서 목돈을 만들어 인플레이션에 재산을 강탈당하지 않고 조금이라도 돈을 불려보고자 주식매매를 한다. 그런데 청산가치까지 계산하면서 투자해야 한다면 누가 주식투자를 하겠다고 나서겠는가? 재무제표만 해도 단순히 숫자만 읽는 것이 아니라 그것을 해석하는 데에는 수많은 경험과 공부가 필요하기에 만만치가 않다.

그러니 최악의 상황, 즉 회사가 망할 경우를 대비해서 청산가치까지 고려하면서 투자하는 것은 거의 불가능하다.

기본적 분석이라고 하더라도 사실 무엇을 분석해야 하는지 알 수가 없다. 내재가치 또한 알 수 없는 것이고 기업의 질적 측면은 더욱 계산할 수가 없다. 기본적 분석을 하겠다고 할 때 어려운 점은 다음과 같은 것들이다.

> 기본적 분석에서 어려운 점
> - 손익계산서를 보고 이익을 계산해야 하는가?
> - 대차대조표를 보고 순자산과 부채의 관계를 파악해야 하는가?
> - 회사의 배당성향을 보고 투자해야 하는가?
> - 경영자의 자질과 인간 됨됨이를 봐야 하는가?
> - 회사의 비즈니스 모델을 봐야 하는가?
> - 회사의 문화와 노사관계를 봐야 하는가?

기본적 분석 또한 우리에게 혼란만 가득 안겨준다. 겨우겨우 개념을 깨우친다 해도 각각의 기준을 잡을 수도 없다. 기본적 분석을 활용해 숫자로 표현할 수 있는 것은 기업의 아주 작은 부분이기 때문이다.

9장
투자 거장의 지혜

워런 버핏은 자신의 투자방법은 무척 단순하고 상식적이라며, 사실 투자란 어려워서는 안 된다고 이야기했다. 투자에 관한 그의 이야기는 주식시장에서 금언으로 받아들여지고 있는데 사람들은 이를 따라하는 것이 결코 쉽지 않다고 말한다. 혹시 쉬운 것을 어렵게 받아들이기 때문인 것은 아닐까? 버핏의 투자 핵심 몇 가지를 살펴보자.

01.. 주식시장의
    14가지 위험요소

　투자는 어렵다. 생업에 종사하는 개미들이 투자의 세계에서 승리하기엔 거짓이라는 장애물이 너무 많다. '보이지 않는 손'을 통해 움직이는 세상 안에서 정신을 바짝 차리지 않으면, 우리를 위하는 척하면서 결국은 자신들의 뱃속을 채우는 많은 권력기관과 세력에게 이용당할 수밖에 없다. 대중매체, 언론기관, 정치인, 외국인세력, 기관세력, 개별기업 등이 자기의 이익을 위해 얼마나 치사하게 개미를 이용하며 서로 합종연횡하면서 개미를 등쳐먹는지는 말로 다 설명할 수 없다.
　무엇이 진실이고 거짓인지조차 판단할 수가 없다. 수많은 개미들이 고민하고 있는 투자의 방법 따위는 차후의 문제다. 진실과 거짓을 구분하는 데만 해도 사회 체제의 메커니즘에 대한 이해가 필요한데, 그것은 상상을 초월하는 공부를 요한다. 날마다 생업에 종사해야 하는 개미가 그 공부를 언제 하겠는가? '아는 만큼 보인다'고 말하지만 알기 위해 생업을 포기하고 공부에 전념할 수는 없지 않은가?

이 때문에 투자의 세계에서 철학이 그토록 중요한 것이다. 눈에 보인다고 해서 있는 그대로가 진실인 것은 아니다. 본질은 눈에 보이지 않는다. 진실을 보기 위한 철학이 필요하다. 사실마다 있는 그대로 보지 않고 스스로 재해석해야 한다.

지금까지 우리는 주식시장의 수많은 위험요소에 대해 살펴봤다. 요약하면 다음의 14가지로 정리할 수 있다.

1. 돈=인간의 이성과 믿음(돈의 객관화 결여, 돈의 상대성과 가변성)
2. 가치에 대한 철학(가치의 기준은 사람마다 다르다, 가치의 주관성)
3. 인간 마음의 객관화 불가능(시장의 주체인 인간의 감정을 숫자로 통계화할 수 없음)
4. 투자는 본질적으로 미래를 예측하는 일(미래 예측의 불가능성)
5. 달러는 금(세계 무역의 토대는 불완전한 미국의 신용)
6. '1+1=2'가 될 수 없음(돈의 불완전한 도량형)
7. 신용화폐의 본질(금융기관은 신용으로 가짜 돈을 찍어낼 수 있음)
8. 경기변동의 허상(경기변동도 인위적인 조작 가능)

9. 대중매체의 진실과 거짓(대중이 원하는 전망을 보여줌)

10. 금융기관의 횡포(투기를 강요함)

11. '돈 님'에 대한 두려움(개미의 욕심 등)

12. 개별기업 분석의 어려움(기술적 분석, 기본적 분석 등)

13. 일일이 다 말할 수 없는 외부 요소(전쟁, 정치적 상황, 자연재해 등)

14. 거시경제 요소(환율, 유가, 원자재 가격의 변동성 및 파생매매의 인위적 조작성)

이런 세상과 맞서 과연 투자에 성공할 수 있을까? 개미는 둘째 치고라도 어떤 천재적인 전문가가 이런 시장과 맞서 싸워 이길 수 있단 말인가?

그렇기 때문에 '시장에 맞서지 말라'는 말이 생긴 것이다. 누구도 시장과 싸워 이길 수는 없다. 어떤 전문가도, 자금력 탄탄한 큰 손들도 불가능하다. 주식시장이란 어떤 대상이 아니라 우리의 삶이자 살아가는 세상 그 자체다. 간혹 주식시장에서 큰 수익이 나거나 잠깐 성공한다고 해도 그것은 주식시장을 이긴 것이 아니라 눈칫밥이 늘어서 시장의 대세를 잘 따랐기 때문이다. 한순간이라도 눈치를 잘못 살피면 파산으로 이어진다.

02.. 쉽지만 따라 하기는 어려운 워런 버핏의 투자법

어떻게 투자해야 성공할 수 있을까에 대한 답을 찾기 위해서는 이론이 아니라 실제 성공한 인물로부터 배워야 한다. 그래야 진심으로 수긍할 수 있다. 수많은 난관을 극복하고 세계 최고의 투자자가 된 워런 버핏에 대해 생각해보자.

버크셔 해더웨이를 인수한 후 버핏은 연평균 21.1%(1965~2007년)라는 경이적인 수익률을 기록했다. 같은 기간 S&P500의 연평균 10.1% 상승률을 두 배나 넘는 수치다. 그는 이와 같은 수익률뿐 아니라 투자하려는 기업을 정확히 판단하기 위하여 발로 뛰는 것으로도 유명하다. 실제로 2011년 3월 그의 한국 투자 1호 기업인 대구텍을 방문하여 신공장 준공식에 참여하기도 했다. 그에게는 재력가들에게 따라붙기 쉬운 '권위적'이라거나 '호화판' 같은 수식어가 어울리지 않는다. 오히려 기부와 자선사업에 적극적이며 '오마하의 현인'이라는 별칭으로 불린다.

"워런 버핏은 어떻게 앞의 14가지 난관을 이겨내고 승리할 수 있었을까?"

이 질문에 대답할 수 있다면 절망적인 투자의 세계에서 기준을 찾을 수 있다. 버핏의 투자방법의 특징은 단순하고 간단하다는 것이다. 그의 투자는 쉽다고 말한다. 그렇게 투자하기 쉬우면 누구나 금방 부자가 되어야 한다. 하지만 현실은 얼마나 엄청난 가시밭길인가?

워런 버핏의 투자는 쉽지 않다. 단지 쉽게 가르쳐주는 것뿐이다. 그의 투자는 언제나 일관성이 있다. 그래서 시시해 보이고 지루하게 보이기도 하지만 평생 그 일관성을 유지함으로써 그의 투자철학이 얼마나 확고하게 정립되었는지를 보여준다.

그는 자신이 부를 축적할 수 있었던 것은 노력한 만큼 보상을 받을 수 있는 부유한 국가에서 살았기 때문이라고 겸손하게 말하곤 한다. "나는 미국인으로 태어날 확률이 2%였고 다른 나라에서 태어날 확률이 98%였다. 내가 만약 정글에서 태어났더라면 어느 야수의 식사거리가 되었을지도 모른다. 그곳에서 내 재능은 전혀 쓸모가 없었을 것이다. 다행히도 나를 둘러싼 이 거대한 사회 덕에 부자가 될 수 있었다. 또한 내가 이 사회에 잘 적응한 결과이기도

하다."

자신이 이룬 부의 성과를 말할 때 투자기법이나 개별기업을 어떻게 분석하는지에 대해 이야기하지 않았다. 자기를 둘러싼 거대한 사회 덕에 부자가 될 수 있었고 사회에 잘 적응한 결과라고 했다.

그는 자신의 삶에서 지대한 영향을 준 사람으로 아버지인 하워드 버핏과 스승인 벤저민 그레이엄을 뽑았다. 아버지 하워드 버핏은 증권회사를 운영했으며, 나중에는 하원의원이 되어 증권회사 출신답게 해박한 경제지식을 가지고 금본위제 부활을 위해 노력했다. 그가 1948년 오마하의 실업자들을 대상으로 행한 연설에서도 금융정책에 대한 일관된 입장을 드러낸다. "자유주의 국가에서 통화 단위는 독립적으로 금 또는 은의 고정된 기반 위에 안정적으로 정착되어야 하고, 지폐를 보유하는 사람의 자유 선택에 따라 특정 무게의 금으로 상환될 수 있어야 합니다. 우리의 금융정책은 의회가 그렇게 강제할 때 비로소 질서가 잡힐 것입니다. 지폐가 금으로 상환될 수 있어야만 이러한 강제성이 빛을 발휘할 수 있음은 물론입니다."

워런 버핏은 금본위제의 부활을 위해 애쓰는 아버지에게 자본주의 체제에 대해서 많은 것을 배웠다. 금본위제가 폐지된 후 신용화폐 제도에서는 필연적으로 인플레이션 위험이 높아질 수밖에 없으며 인위적인 통화량 조작이나 금융기관의 무분별한 신용창조로 엄청난 폐해가 나타날 거라는 점 그리고 이 책에서 다룬 수많은 문제점들에 대해서도 배웠을 것이다.

하워드 버핏은 1930년 대공황의 폭풍 속에서도 증권회사를 운영했다. 그때의 금융시스템은 지금과 비교할 수도 없을 만큼 낙후된 것이었다. 인터넷이 없는 것은 물론이고 연준(FRB)도 없이 사은행인 JP모건은행이 중앙은행 역할을 하던 후진적인 금융시대였다. 금융시스템도 정해진 것 없이 새롭게 만들어지고 다듬어지고 있었다. 그와 같은 격변의 시기에 증권회사를 운영했으며 나중에는 하원의원이 되어 금본위제를 되살리고자 했던 아버지 밑에서 오늘날 워런 버핏이 만들어졌다. 영리한 워런 버핏은 아버지의 영향으로 금융시스템의 본질을 꿰뚫어볼 수 있는 통찰력을 갖추게 되었다.

또한 워런 버핏은 또 다른 지대한 영향을 준 인물, 벤저민 그레이엄을 만나 개별기업 분석기법을 세련되게 다듬는다. 주식과 회사를 별개로 보는 것이 아니라 회사를 소유하는 개념으로 기업의 순자산 대비 주식의 가격을 평가하는 '안전마진'의 개념을 배운다. 그러면서 최선의 투자는 주식을 싸게 사는 것임을 깨닫는다.

그 뒤 필립 피셔를 만나면서부터는 좋은 주식은 영구 보유해도 된다는 개념을 숙지한다. 필립 피셔는 주식을 사람에 비유하면서 기업의 생명은 한계가 없다는 것을 강조했다. 주식이 오르기 때문에 차익을 위해 매도하고 오르지 않은 저가주를 매수하는 것은, 어렸을 때부터 공부도 잘하고 예의 바르고 착한 아이가 성공을 이루면 이제 성공을 했으니 매력이 없다고 제쳐두고 공부 안 하고 게으르고 예의 없는 아이를 키워서 성공하게 만들어야 한다는 논리와 같다고 했다. 생명에 한계가 없는 기업의 세계에서 경쟁우위를 차지한 기업은 무궁무진한 성공 가능성이 있다는 뜻이다.

 이후에도 워런 버핏은 수많은 투자의 거장들로부터 끊임없이 배웠다. 그 과정에서 자본주의 체제를 이해하고 다양한 기업 분석 기법을 결합하여 마침내 세계 최고의 투자자가 되었다.

03.. 인플레이션을 이용하여 투자에 성공한 버핏

워런 버핏은 자신의 투자방법은 무척 단순하고 상식적이라며, 사실 투자란 어려워서는 안 된다고 이야기했다. 투자에 관한 그의 이야기는 주식시장에서 금언으로 받아들여지고 있는데 사람들은 이를 따라하는 것이 결코 쉽지 않다고 말한다. 혹시 쉬운 것을 어렵게 받아들이기 때문인 것은 아닐까? 버핏의 투자 핵심 몇 가지를 살펴보자.

> 1. 복리의 마술을 이용하라.
> 2. 장기 투자를 하라.

복리라거나 장기 투자라는 단어가 나오면 그저 피상적으로 읽고 넘어가버리는 사람들이 의외로 많다. 너무나 당연한 이야기라서 지겹다는 것이다. 하지만 이 두 가지가 갖고 있는 위력을 곰곰이 따져본다면 절대 가벼이 여길 수 없을 것이다.

1970년대 금 1온스는 35달러였다. 그 뒤로 금본위제가 본격 폐지되었고, 2009년 10월 금 1온스는 1,000달러가 되었다. 40년 동안 거의 3,000%의 상승률을 보인 것이다. 그러면 이제 진실을 따져보자. 금이 과거 40년 전보다 3,000%의 가치만큼 귀해진 것인가? 아니면 달러가 과잉공급이 돼서 돈의 가치가 떨어진 것인가? 다시 말하면 요점은 이것이다. "금이 귀해져서 가격이 올라간 것인가? 돈이 많아져서 가격이 올라간 것인가?"

이번에는 워런 버핏의 주요 포트폴리오로 알려진 상품들에 대해서 생각해보자. 코카콜라의 가격이 오르는 것은 콜라가 더 맛있어지고 귀해지기 때문인가? 아니면 돈의 가치가 점점 떨어지기 때문인가? 질레트의 면도기가 비싸지는 것은 면도기가 귀해지기 때문인가? 아니면 돈의 가치가 점점 떨어지기 때문인가? 시즈캔디가 비싸지는 것은 캔디가 귀해지기 때문인가? 아니면 돈의 가치가 떨어지기 때문인가?

그 외에도 가구, 카펫, 아이스크림, 신발, 벽돌, 백과사전 등 버크셔 해더웨이의 수많은 자회사의 사업을 생각해보자. 이들의 공통점은 생활필수품이나 소비재 품목이라는 사실이다. 워런 버핏은 사람이 살아가면서 지속적으로 소비할 수 있는 상품을 좋아했다.

워런 버핏은 공개적으로 우리나라 대표기업인 POSCO에 투자했다. 왜 그는 삼성전자가 아닌 POSCO를 선택했을까? 물론 시간이 지날수록 삼성전자의 전자제품이나 휴대전화기의 가격 또한 상승할 것이다. 하지만 삼성전자의 앞으로의 이익은 경쟁 기업의 기술에 따라 차이가 나겠지만 철강은 인류가 살아가는 데 반드시 필요하다. 인류가 존재하는 한 철을 사용하지 않을 수가 없다. 여기에도 같은 질문을 해보자. '철 가격이 계속 상승하는 것은 철이 귀해지기 때문인가? 아니면 돈의 가치가 점점 떨어지기 때문인가?'

지금의 화폐 제도에서 인플레이션은 막을 수가 없다. 바꾸어 말하면 돈은 시간이 지나갈수록 필연적으로 가치가 하락하며 물가는 점점 상승한다. 이것이 바로 버핏의 첫 번째 투자 핵심이다. "신용화폐 제도 안에서는 인플레이션에 따른 복리의 마술을 이용해야 한다."

콜라나 면도기나 맥주는 저절로 가격이 비싸진다. 현재의 화폐 제도에서는 가만히 있어도 돈이 저절로 불어나기 때문이다. 특별한 기술개발이 없어도 저절로 가격이 올라가는 상품을 팔면서 영업이익을 만들어낼 수만 있으면, 단기적 이익은 크지 않을 수 있지만 장기적으로 복리의 마법이 적용되어 수익은 상상을 초월한다.

종합주가지수를 생각해보자. 전문가들은 말한다. "종합주가는 장기적으로 무조건 오른다." 이렇게 말하는 이유는 인류에 대한 믿음 때문이다. 현재는 과거보다 발전해왔고 미래에는 현재보다 더 발전할 것이라는, 인류의 열정과 지성을 믿기 때문이다. 하지만 장기적으로 보았을 때 '무조건' 주가지수가 올라갈 수밖에 없는 근본적인 이유는 화폐 제도 때문이다.

신용화폐 제도 안에서 주가는 장기적으로 오를 수밖에 없다. 돈이 저절로 많아지기 때문이다. 시중에 점점 돈이 많아지면 그 돈은 결국 증시나 부동산으로 유입되기 마련이다. 땅값이 얼마나 오르고 있는지를 생각해보면 쉽게 알 수 있다. 앞서 예로 든 것처럼 금값이 올라가듯이 주가도 오를 수밖에 없다.

3. 쉬운 기업에 투자하라.
4. 계란을 한 바구니에 담아라.

'쉬운 기업'이란 환상과 기대를 보여주는 기술산업이나 첨단산업이 아니라 돈을 버는 구조가 눈에 뻔히 보이는 회사를 말한다. 주로 의식주와 관련된 생활필수품이나 일반 소비재 회사가 많다. 의식주와 관련된 소비재이기 때문에 인플레이션을 쉽게 이용할 수 있다. POSCO는 철 만드는 회사, 고려아연은 아연 만드는 회사, 롯데칠성은 사이다 만드는 회사, 농심은 라면 만드는 회사이고, 코카콜라는 콜라 만드는 회사, 허쉬 초콜릿은 초콜릿 만드는 회사다. 누가 봐도 돈을 버는 구조가 뻔하고 현금흐름이 한눈에 들어오는 기업이 버핏이 말하는 쉬운 기업이다.

　소비재산업은 널리고 널렸다. 하지만 자유시장의 치열한 경쟁을 거쳐 가격결정력을 가질 수 있는 브랜드 네임과 강력한 영업망, 유통망을 가진 회사는 세계적으로 몇 손가락 안에 꼽을 만큼 적다.

　가격결정력을 가질 수 있어야 인플레이션의 복리를 가장 효과적으로 누릴 수 있다. 물가가 오르는데도 시장의 경쟁이 치열해 가격을 올릴 수 없다면 그 기업은 곧 망하게 된다. 음료시장의 수많은 음료 중에서 코카콜라가 가진 독점력을 생각해보자. 코카콜라가 1,000원인데 다른 콜라를 1,200원에 판다면? 소비자들은 비웃을 것이다. '가짜 콜라 주제에……'라고 은연중 생각하는 것이다. 이런 브랜드 네임과 막강한 유통망을 바탕으로 독점적 상품을 가진 기업은 생각보다 많지 않다. 이런 기업을 찾았을 때 주저 없이 계란을 한 바구니에 담아야 한다.

　워런 버핏은 "10년 동안 보유할 주식이 아니면 당장 팔아치워라"고 말했다. 이 말은 신용화폐 제도의 필연적인 인플레이션을 이용할 수 없다면 투자는 무의미하다는 뜻이다. 단기로 경쟁해서 이겨봐야 어차피 장기로 이기지 못한다면 인플레이션 때문에 재산을 지키기에 급급하게 될 뿐이다. 버핏의 "시간은 훌륭한 기업에는 친구가 되지만, 그렇지 않은 기업에는 적이 된다"는 말 역시 같은 뜻을 내포하고 있다.

세기와 세대를 초월해 존재할 수 있는 기업, 이런 기업이야말로 '쉬운 기업'이다. 인간의 기본적인 의식주를 책임지고 있고, 생활에 밀접한 영향을 미치는 소비재산업이기 때문이다. 반면 기술로 우위를 차지하는 기업에는 항상 경쟁자와 다퉈야 한다는 약점이 있다. 기술은 계속 진보하고 기준은 언제든지 바뀔 수 있기 때문이다.

마이크로소프트 회장 빌 게이츠가 인터넷이 발전하면서 생활 패턴이 변화하고 지식의 공유화가 이뤄지는 등 전반적인 삶에 미치는 영향이 매우 크다고 강조했을 때 워런 버핏은 이렇게 말했다. "저는 10년이나 15년, 20년 후에 과연 비즈니스가 어떻게 전개될지 알고 싶습니다. 사실 획기적인 변화란 우리에게 그리 반가운 게 아니에요. 인터넷이 껌 씹는 방식까지 효율적으로 바꿔놓으리라고는 생각하지 않습니다. 빌의 생각은 다를지 모르지만 인터넷이 코카콜라에 대한 선호도까지 바꾸지는 않을 것이며, 따라서 코카콜라의 인구 1인당 소비량은 점점 더 늘어날 것입니다. 또한 '마하Ⅲ(질레트의 면도기)'가 출시되면서 사람들의 관심을 끌었던 것처럼, 인터넷이 간편한 면도를 선호하는 사람들의 취향까지 바꾸지는 못할 것입니다. 저는 이처럼 누구나 예측 가능한 세상을 기대합니다."

누구나 예측 가능한 세상을 기대한다는 워런 버핏의 말과 그가 투자한 기업들에서 무엇을 깨달을 수 있는가? 그의 투자방법은 인플레이션을 적극적으로 활용하는 것이었다. 바로 '청춘과 물가 안정은 유지 가능한 것처럼 보이지만 절대로 되돌릴 수 없다'는 말에 딱 들어맞는다. 인플레이션은 필연적으로 되풀이되며, 때문에 우리는 이를 활용할 방법을 찾아야 한다.

워런 버핏은 1999년의 연례보고서에 다음과 같이 썼다.
"사회적 관점에서 볼 때 신기술 또는 첨단기술은 매우 유익한 것이다. 그렇지만 우리는 기업들이 10년, 20년 또는 30년 후 어디까지 어떻게 발전해나갈 것인지 일반적인 방법으로 예측 가능한 기업을 찾으려고 노력하고 있다. 즉, 변화로부터 별로 영향을 받지 않는 기업을 찾고 있다. 투자자의 상황에서 볼 때 변화는 기회와 비교하면 위험요소를 더 많이 내포한다. 이는 오늘날 대부분 사람이 기업을 바라보는 관점과는 많이 다르다. 몇 가지 예외는 있겠지만, 우리는 보통 변화를 거듭하는 기업이 큰돈을 벌 수 있다고 생각하지는 않는다. 우리는 현재 우리에게 고수익을 안겨다주는 기업들의 돈 버는 방법이 그대로 이어지고, 우리가 미래에 더 많은 돈을 벌 수 있도록 변화가 나타나지 않기를 희망한다."

미래 기술개발의 흐름과 진보를 예측한다는 것은 통찰력이 필요하다. 그렇지만 아무리 연구해도 미래에 대한 예측은 인간의 한계를 뛰어넘는 일이다. 워런 버핏은 첨단산업이나 IT산업에 투자하면 단기간 수익을 내지 못해서 문제가 되는 것이 아니라 장기적인 관점에서 봤을 때 안정적으로 인플레이션을 이용할 수 없다고 생각했다. 복리의 마법은 장기에 걸쳤을 때 발휘될 뿐 단기적으로는 의미가 없기 때문이다.

신용화폐 제도 안에서는 가만히 있어도 돈이 저절로 늘어난다. 장기로 투자해 복리를 이용하면 돈은 기하급수적으로 늘어난다. 복리가 마법이라 불리는 이유는 그 효과가 초창기에는 아주 미미하게 나타나지만 어느 시점을 지나면서부터 급격해지기 때문이다. 산 꼭대기에서 골짜기로 눈덩이를 굴리는 모습을 생각하면 이해하기 쉽다. 주먹 만한 눈덩이가 수박만큼 커지는 데는 시간이 좀 걸리지만 골짜기에 가까울수록 급속하게 커진다.

인플레이션을 이용한 투자는 기본적으로 장기 투자다. 하지만 개미들의 문제점은 단기적인 관점으로 이런 종류의 투자를 시시하게 여긴다는 것이다. 기술주나 테마주 같은 경우에는 기대심리를 잘 타면 단기간에 몇십 %, 심지어는 몇백 %까지 올라간다. 이런 유혹 때문에 투기에서 발을 빼기가 어렵다.

투자를 하면서 얼마 만에 수익이 나기 원하는가? 6개월? 1년? 2년? 3년? 10년? 만약 10년을 보고 투자를 할 수 있는 개미가 있다면 복리의 마법을 이용하여 그야말로 상상을 뛰어넘는 큰돈을 만질 수 있을 것이다. 복리의 마법은 1년이나 3년 만에 누릴 수 있는 것이 아니다. 최소 5년의 세월이 필요하다.

버핏은 다음과 같은 글을 쓴 적이 있다.

"현명한 투자는 쉽다고는 말할 수 없지만, 그다지 복잡하지는 않다. 투자자에게 필요한 것은 투자하기 위해 선택한 기업들을 정확하게 평가하는 능력이다. '선택한'이란 말에 주목하자. 모든 기업에 관해서 전문가가 될 필요는 없다. 여러분의 역량 내에 있는 기업들만 평가할 수 있으면 된다. 역량이 어느 정도인지는 중요하지 않다. 그러나 그 경계선을 설정하는 것은 대단히 중요하다.

투자자로서 여러분의 목표는 무슨 일을 하는지 쉽게 이해할 수 있는 기업의 지분을 합리적인 가격에 사들이는 것이다. 단 그 기업은 지금부터 5년, 10년 또는 20년 후에도 실질적으로 이익이 더 증가할 수 있는 기업이어야 한다. 여러분은 이 기준에 맞는 기업이 그리 많지 않다는 것을 금방 알게 될 것이다. 그래서 이러한 기업을 찾았다면 다량의 주식을 매수해야 한다. 자신이 정한 기준에서 벗어나려는 유혹에 빠져서는 안 된다. 10년 동안 보유할 주식이 아니라면, 10분도 보유해서는 안 된다."

5. 주식을 매수할 때 사업에 투자하듯이 하라.

"주식시장은 누가 어리석은 짓을 하는지 확인하는 장소일 뿐이다. 나는 그저 사업에 투자하듯 주식에 투자하고 있다."

워런 버핏의 사업에 대해 생각해보자. 그가 운영하는 투자지주회사 버크셔 해더웨이는 처음에는 방직공장이었지만 보험회사로 탈바꿈했다.

보험은 금융업이다. 현재의 신용화폐 제도 안에서 은행과 금융업이 얼마나 무소불위의 권력을 휘두를 수 있는지 앞에서 살펴봤다. 은행은 신용창조를 통해 가짜 돈을 찍어낼 수 있고, 기타 금융업들도 얼마든지 신용화폐를 창조할 수 있다. 또한 금융업은 인플레이션을 이용해서 무위험 차익이라는 수익구조를 만들 수 있다.

워런 버핏의 사업은 보험업, 즉 인플레이션을 이용한 수익창출을 중심에 두고 있다. 보험업은 미래에 일어날 재난과 사고를 대비해 사람들이 공동으로 기금을 만드는 것이다. 일정 기간 동안 보험료를 내고 보장을 받으며, 만기가 되면 돈을 돌려주는 것도 있고 그렇지 않은 것도 있다.

간단히 생각해보자. 현재의 3천만 원과 5년 뒤 3천만 원의 가치는 얼마나 차이가 있을까? 두말할 것도 없이 현재의 3천만 원이 가치가 크다. 일정 기간 보험료를 내고 만기 때 돈을 찾아간다는 조건이 붙는다 해도 나중에 찾아갈 돈은 인플레이션 때문에 현재보다 가치가 떨어진다. 그리고 보험업은 미래의 사고와 재난에 대비해 일정금액을 적립하기 때문에 중간 해약률이 드물다.

그래서 보험 계약자가 있으면 보험회사는 아직 들어오지 않은 돈을 가지고도 "앞으로 보험금이 계속 들어올 것이다"라는 신용을 이용해 보험 만기까지 할인해서 사용할 수 있다. 이런 보험회사의 구조는 보험기금을 보관·유지·관리하는 중개수수료를 뛰어넘어,

보험금을 안정적으로 투자할 수 있는 워런 버핏과 같은 인물이 사장으로 있을 때 그 가치가 극대화된다.

적립된 보험금은 당연히 현재 시점에 투자할 수 있다. 그리고 아직 들어오지 않은 미래의 보험금조차도 현재의 가치로 할인하여 당장 투자할 수 있다. 인플레이션을 이용한 무위험 차익투자법을 알아보자.

- ◆ **보험 계약자 생각**   보험을 계약했다. 매달 100만 원씩 적립하는 생명보험이고 만기는 5년이다. 5년을 꾸준히 적립한다면 만기에는 원금에 5%의 이자를 쳐서 6,300만 원을 지급받기로 했다. 대신 중간에 해약하면 원금에서 손실을 보게 된다. 생명보험을 들었으므로 예측할 수 없는 사고에 대비하기도 하였거니와 만기에는 보험금으로 적립한 돈을 다시 돌려받으면서 어느 정도의 이자까지 붙여준다니 만족스럽다.

- ◆ **워런 버핏 생각**   보험계약이 들어왔다. 매월 100만 원씩 만기 5년이다. 보험증서를 담보로 잡고 6천만 원을 당장 할인해서 현금으로 만든다. 그리고 코카콜라나 질레트, 아이스크림 주식에 투자한다. 인플레이션 때문에 물가는 계속 상승할 것이다. 물가상승률을 안전하게 매년 3%로 잡는다. 코카콜라나 질레트, 아이스크림의 가격은 최소한 3%씩은 상승할 수밖에 없다.

  5년 뒤 만기에 6,300만 원을 지급하면 된다. 물가상승률을 3%

만 잡아도 6천만 원을 3% 복리로 5년 투자하면 6,750만 원이다. 중간에서 450만 원을 거저 챙긴다.

또한 코카콜라나 면도기, 아이스크림은 단지 가격만 상승하는 것이 아니라 물건을 팔면서 영업이익을 만들어낸다. 대부분 소비재 회사의 영업이익률은 투자율 대비 꾸준히 10%가 넘는다. 그러므로 수익률은 '물가상승률 3%+기업이윤 α 또는 β% 이상'이다. 장기적으로 주가는 상승할 수밖에 없다. 지금의 체제는 돈이 저절로 늘어나는 세상이기 때문이다.

나의 투자법에도 약점은 있다. 경기침체로 회사가 망한다면 백약이 무효하다. 그래서 난 망할 수 없는 기업에 투자한다. 난 유행을 타는 기업이 싫다. 경기침체로 아무리 가난해지더라도 코카콜라 사 먹을 돈도 없을 정도까지 되겠는가? 면도기 살 돈이나 아이스크림 사 먹을 돈, 신발 사 신을 돈이 없어지랴? 난 두렵지 않다. 내가 망하면 이 체제가 같이 망하는 것이다.

이것이 인플레이션을 이용한 차익거래다. 워런 버핏은 철저하게 자본주의 체제의 본질을 꿰뚫었고, 체제의 폐해를 자기의 투자기법으로 만들었다. 나중에는 가치가 떨어질 돈을 미리 할인해서 신용을 창조하고, 결국 오를 수밖에 없는 물건을 사두는 것이다.

인플레이션 투자차익은 '떨어진 돈의 가치+오를 물건의 가치+물건을 팔았을 때의 영업이익+주가 상승률'이다. 그리고 위험이 거의 없는 무위험 차익거래가 복리의 마술로 극대화된다.

차익거래를 보면 워런 버핏이 어떻게 연 20%로 경이적인 복리의 마법을 이용할 수 있는지 알 수 있다. 떨어지는 돈의 가치 연 3%, 물가가 오를 가치 연 3%, 영업이익률 연 10%, 주가 상승률 a 또는 β%로 잡아도 연 20%의 수익은 보장된다.

이외에도 자산이 많은 기업을 헐값에 인수하거나 전환사채, 신주인수권 매수 등 자금을 동원해 얼마든지 추가이익을 창출할 수 있었다. 금융업을 영위하는 회사의 사장이라는 위치에 있는 워런 버핏에게 돈 벌기란 누워서 떡 먹기였을 것이다.

버핏이 버크셔를 인수한 지 50년이 가까운 오늘날 버크셔는 전 세계 보험회사의 주주자본을 가장 많이 소유한 투자지주회사가 되었다. 또한 많은 주식과 채권, 현금 그리고 은 등을 보유한 보험의 제국이다. 게다가 수많은 사업체도 운영하고 있다. 버크셔는 거의 모든 카테고리에 포함되는 기업들을 운영하고 있다. 보험, 제과, 미디어, 제2금융권, 투자회사, 다목적 또는 복합기업들이 버크셔라는 이름을 통해 전방위적으로 운영되고 있는 혼성기업이다. 버크셔를 요약하여 나타내면 다음과 같다.

"버크셔는 손해보험과 상해보험을 제공하고, 잡지를 발행하며, 여타 서비스 제공 기업을 소유하는 투자지주회사이다."

버크셔는 현재 세 개의 매우 길고 튼튼한 다리로 걸어가고 있다.

대규모 보험업체, 대규모 주식과 채권 포트폴리오 그리고 소유와 경영을 완전히 장악한 운영사업체들이 그것이다.

이 사업구조를 보면 보험업과 카드 그리고 제2금융권인 모기지 업체 등의 금융업을 중심으로 신용창조와 할인을 통해서 자금을 마련하여 인플레이션을 이용하고, 복리의 마법을 이용할 수 있는 산업과 기업에 투자한다는 것을 알 수 있다. 워런 버핏에게 인플레이션은 극복의 대상이 아니라, 적극적인 이용 대상이다.

6. 시황에 집착하지 말라

개미나 전문가들은 전망이나 시황에 집착하고 항상 새로운 소식과 정보를 갈망한다. 하지만 워런 버핏은 시황에 집착하지 않았다. 고급 정보마저도 귀찮다며 모든 금융 전문가가 집합한 월스트리트에 있지도 않았다. 그는 고향인 오마하에 머물며 혼자 투자 판단을 내렸다.

월스트리트의 생활을 접고 고향으로 내려온 워런 버핏은 투자를 시작한 초창기에 이미 다음과 같은 사실을 깨달았다. 인터넷 데이 트레이더부터 펀드매니저들까지 오로지 관심사는 빨리 수익을 내는 것에 있다는 것. 많은 사람이 장기 투자의 중요성을 강조하는 입에 발린 말을 하지만 사실은 어떻게 하면 빨리 돈을 벌 수 있을까에 사로잡혀 있다는 사실이다.

그렇다고 해서 시황에 집착하면 투자를 할 수 있는가? 시황에 집착하면 단기적인 수익률을 따라다닐 수밖에 없다. 단기적인 투자를 하면 케인스의 미인대회 투자법인 모멘텀 투자를 해야 하고, 그것은 결국 투자를 가장한 투기가 된다. 가장 큰 맹점은 인플레이션을 이용할 수 없다는 것이다.

또한 시황에 집착하게 되면 군중심리에 휩쓸리는 것을 피할 수 없다. 이성과 본능 사이에서 갈등이 심화되면서 투자와 투기의 경계를 구분할 수 없게 된다. 이런 심리상태에서는 투자가 투기가 되고 투기가 투자가 되기 십상이다.

이를 두고 버핏은 말했다. "시장이라는 존재가 안락감을 느낄 때는 호재만을 보게 된다. 반대로 의기소침해 있을 때는 오직 악재만을 보게 된다." 시장이 강세장에 들어서면 꿈과 희망이 싹트고 이런저런 기관들이 우리를 부추긴다. 언론매체들은 황홀한 미래를 꿈꾸게 하고 증권사와 은행은 신용을 빌려주면서 투기를 권유하며, 기관과 외국인도 자기들의 물량을 떠넘기려고 개미들을 부추긴다.

시황에 집착하게 되면 단기적으로 경기변동을 예측해서 투자하려 한다. 하지만 경기는 실질적, 화폐적 경기변동 현상 때문에 얼마든지 조작되거나 급격하게 변동할 수 있음을 이 책의 독자라면 이제 알고 있을 것이다.

개미는 경기변동을 이용해 투자하는 것이 불가능하다. 어떤 개미는 자기는 잘 알고 있다고 착각하기도 하는데 '경기가 좋아질 것이냐, 나빠질 것이냐'의 50% 확률 게임에서 그저 한두 번 맞춘 것뿐이다. 경기 선행지수와 동행지수, 후행지수를 분석해서 투자하는 최고의 전문가들인 기관 투자자나 외국인 투자자 또한 다반사로 실패하는 것이 경기예측이다. 과연 어떤 자료를 의지해서 경기를 분석하고 시황을 분석할 수 있겠는가? TV, 신문, 라디오 등의 언론은 그저 우리가 보고 싶어하는 전망을 보여줄 뿐이지 않은가?

이런 기본적인 경기변동 현상과 시황의 메커니즘을 꿰뚫었던 워런 버핏은 시황 자체에 집착하지 않았다. 10년간 보유할 종목이 아니면 10분도 들고 있지 말라고 충고한 그에게는 현재의 증시 상황을 분석한다는 자체가 무의미했을 것이다.

04.. 버핏은 14개의 장애물을 어떻게 넘어섰나

워런 버핏의 투자조언을 통해 많은 생각을 할 수 있었을 것이다. 이번에는 앞에서 정리한 14가지 난관을 버핏이 어떻게 뛰어넘었을까에 대해 살펴보도록 하겠다.

1. 돈=인간의 이성과 믿음(돈의 객관화 결여. 돈의 상대성과 가변성)

워런 버핏은 금본위제가 폐지되고 신용화폐로 넘어가는 체제를 직접 경험했고, 그의 아버지 하워드 버핏은 하원의원으로서 금본위제를 사수하기 위해 온 힘을 다했다. 이런 상황 속에서 워런 버핏은 돈이라는 것은 자본주의 체제에서 하나의 수단이라고 생각하며 체제에 대한 통찰력을 가졌을 것이다.

2. 가치에 대한 철학(가치의 기준은 사람마다 다르다. 가치의 주관성)

워런 버핏의 가치에 대한 철학은 확고했다. 주로 인플레이션을 활용할 수 있는 산업, 막강한 브랜드 네임과 유통망을 가진 생활소비재산업을 중심으로 투자했다. 그는 기술산업이나 첨단산업 등 경기변동에 민감한 산업에는 투자하지 않았다.

3. 인간 마음의 객관화 불가능(시장의 주체인 인간의 감정을 숫자로 통계화할 수 없음)

모멘텀 투자를 하지 않는 워런 버핏은 시황에 집착하지 않았기 때문에 군중의 심리 자체에 아예 관심이 없었다. 시장의 변동성을 조울증 걸린 Mr.마켓으로 치부해버렸다.

4. 투자는 본질적으로 미래를 예측하는 일(미래 예측의 불가능성)

워런 버핏은 미래를 예측하려 하지 않았다. 그는 10년이나 20년이나 한결같은 사업을 할 수 있는 산업에만 투자했다. 1998년 버핏은 주주들에게 이렇게 말했다.

"내가 교수라면 인터넷 기업의 주식가치가 얼마인지 학생들에게 물은 후 그 질문에 답을 내놓는 학생에게는 무조건 F 학점을 줄 것입니다."

5. 달러는 금(세계 무역의 토대는 불완전한 미국의 신용)

워런 버핏은 자본주의 체제의 본질을 알고 있었으며, 달러의 가치를 평가하는 방법에 능했다. 최근 버크셔 해더웨이가 미국이 아닌 여러 국외기업에 투자하는 이유는 달러 가치 하락을 헤지하는 차원이라고 여러 차례 말한 바 있다.

6. '1+1=2'가 될 수 없음(돈의 불완전한 도량형)

대다수 투자자와는 달리 버핏은 숫자적 데이터에 대해서는 크게 신뢰하지 않는다. 누구라도 데이터를 조작하여 건전한 것처럼 보이게 하거나, 과대평가된 주식이 싼값에 나온 것처럼 오판하게 할 수 있다고 생각하기 때문이다. 예를 들면, 수익률 예측에 관한 단 하나의 가정만 변경해도 25달러짜리 주식을 100달러 이상의 가치가 있는 주식으로 간단히 바꿀 수 있다는 것이다.

7. 신용화폐의 본질(금융기관은 신용으로 가짜 돈을 찍어낼 수 있음)

워런 버핏은 자신의 버크셔 해더웨이를 금융업으로 만듦으로써 신용을 창조하여 마음껏 투자했다.

8. 경기변동의 허상(경기변동도 인위적인 조작 가능)

경기변동을 예측하여 투자하고자 하지 않았다. 오히려 경기변동과 무관한 산업과 기업을 찾고자 노력했다.

9. 대중매체의 진실과 거짓(대중이 원하는 전망을 보여줌)

워런 버핏은 대중의 광기와 군중심리에 휘둘리지 않으려고 일부러 월스트리트를 버리고 고향인 오마하로 돌아가 투자했다. 그룹을 이루지도 않았고 모든 분석과 투자결정을 혼자서 했다.

10. 금융기관의 횡포(투기를 강요함)

시황에 관심이 없는 워런 버핏은 금융기관의 투기 유혹에 추호도 흔들림이 없었다. 또한 그의 사업체인 버크셔 해더웨이 자체가 금융기관이다.

11. '돈 님'에 대한 두려움(개미의 욕심 등)

세계 최고의 부자지만 워런 버핏은 검소한 생활을 하고 있다. 또한 대부분 재산을 사회에 환원했다. 그가 돈을 두려워할까?

12. 개별기업 분석의 어려움(기술적 분석, 기본적 분석 등)

모멘텀 투자인 기술적 분석에는 전혀 관심을 두지 않았다. 기본적 분석으로는 인플레이션을 이용할 수 있는 소비재를 중심으로 막강한 브랜드 네임과 유통망을 가진 기업, 영업이익이 꾸준히 증가하고 부채가 없는 기업을 선택했다.

13. 일일이 다 말할 수 없는 외부 요소(전쟁, 정치적 상황, 자연재해 등)

자연재해는 워런 버핏도 어쩔 수 없을 것이다. 특히나 보험업이 중심인 워런 버핏은 9·11 테러 때 심각한 손해를 입었지만 슬기롭게 대처했다.

14. 거시경제 요소(환율, 유가, 원자재 가격 변동성 및 파생매매의 인위적 조작성)

그는 기술주나 유행을 타는 산업을 피했고 현 체제상 필연적인 인플레이션을 이용할 수 있는 산업과 기업을 선택함으로써 최대한 위험을 피하고자 했다.

"찰리 멍거와 나는 사업상의 난해한 문제를 해결하는 방법을 배우지 못했다. 우리가 배운 것은 그러한 문제를 피하는 것이다. 우리가 이 정도의 성공을 거둘 수 있었던 것은 2미터짜리 장애물을 뛰어넘는 능력을 갖췄기 때문이 아니라 손쉽게 넘을 수 있는 30센티미터짜리 장애물 경기에 집중했기 때문이다."

10장
진정한 투자비법을 깨닫다

우리 개미는 고도화된 사회 속에서 진실과 거짓조차 판단할 수 없다. 그저 맡은 생업에 온 힘을 다하는 것이 우선적으로 해야 할 일이다. 그리고 돈의 가치가 하락하는 것은 문명의 발전 과정에서 필연적이라는 점을 생각하고, 이를 활용할 수 있는 산업과 기업에 장기적으로 투자해야 한다. 이것이 바로 부자가 되는 지름길이며 풍요 속 빈곤을 극복하는 방법이다.

01.. 정보를 재가공할 수 있는 철학과 기준이 필요하다

투자할 때 우리를 가장 혼란스럽게 하는 것은 바로 정보의 왜곡이다. 있는 사실을 그대로 말하지 않고 교묘하게, 때론 아예 대놓고 조작을 해도 진실과 거짓을 판단하기가 어렵다.

주식시장을 총성 없는 전쟁터로 비유하는 이유는 모두가 자신의 이익을 얻기 위해 행동하기 때문이다. 기관 투자자, 외국인 투자자, 각종 언론매체, 각 나라와 정부, 각각의 기업 그리고 펀드매니저나 경제학자, 각종 기관의 전문가 등 그들은 누구를 위해서 무엇을 위해서 투자하는가? 결국 자신 또는 자신이 속한 집단의 이익을 위해서 투자한다.

인간에게 교환의 욕구는 본능에 가깝다. 그렇지만 이러한 욕구 역시 자신의 이익을 위해서다. 상대방의 물건보다 자신의 물건이 더 가치 있다고 판단되면 굳이 바꾸려 하겠는가?

때문에 어떤 정보나 눈에 보이는 사실을 접했을 때 있는 그대로 받아들이는 것은 매우 위험하다. 진짜 알맹이는 보이지 않고 가짜 혹은 껍데기만 드러날 가능성이 크다. 이러한 사실을 재가공할 수 있는 기준과 철학이 필요하다. 다만 아무리 이기심으로 이루어진 사회이지만 우리는 짐승이 아닌 인간이므로 최소한의 도덕적 양심과 이성 그리고 기본적인 선의는 가지고 있다. 때문에 모든 정보가 왜곡되었다거나 모든 사실이 거짓이라고 싸잡아 말하는 것 역시 경계해야 한다.

그런데 차라리 '모든 게 거짓'인 상황보다 '일부가 거짓'이라는 상황이 더 어려운 법이다. 100가지 정보 중에서 10가지의 정보만 왜곡되어도 사실과 진실을 판단하기가 쉽지 않다. '모든 사람이 양심적이고 양심에 따라 도덕을 지킨다'는 생각 또한 극단적이다. 이런 이유로 모든 정보가 거짓과 사기인 것은 아니지만 수많은 진실한 정보 중에서 조금의 거짓 정보가 섞여 있어도 해석하는 사람에 따라 심각하게 왜곡될 수 있다는 것이다. 때문에 우리가 투자의 세계에 있을 때는 어떤 정보를 접하더라도 그것을 자신의 기준과 철학에 따라 해석할 수 있는 능력을 갖추어야 한다.

이것이 왜 주식시장을 전쟁터라고 부르는지 이해할 수 있는 단초를 마련해준다. 바로 모두가 각자의 이익을 위해 온 힘을 기울인다는 점 때문이다. 물론 페어플레이를 하는 주체도 있지만 대개는 목적으로 수난을 정당화해가며 반칙을 서슴지 않는다. 이런 이유로 주식시장에 있을수록 자꾸 속는 것 같은 기분이 들고 사기당하는 기분이 든다. 기법을 찾아 헤매거나 무작정 정보를 받아들이기만 하면 아무리 공부하고 노력해도 더욱 혼란스러워지고 힘들어진다.

"주식시장에 참여하는 모든 조직과 개인은 자신의 이익을 위해 투자한다."

이 문장에 반박할 수 있는 사람이 있을까? 이것이 진실이다. 이런 곳이기 때문에 주식시장이 전쟁터라고 불리는 것이다. 개미들에게 주식시장은 혼돈과 고통의 공간이다. 진실은 거짓이 되고 거짓이 진실이 되며, 같은 정보라도 긍정적 전망이 나올 수 있고 부정적 전망으로 탈바꿈할 수도 있다. 우리는 이성과 감성이 분리될 수 없는 존재이기 때문에 미래의 장기적인 이익을 생각하면서 고통을 감수하기보다는 당장의 이익에 급급하기 쉽다. 그래서 순간적으로 어떤 정보든지 객관적으로 볼 수 있는 능력을 상실하기 십상이다.

'아는 만큼 보인다'는 말은 똑같은 글을 읽고 생각해도 사람들마다 각기 다르게 해석할 수 있다는 뜻도 된다. 누구나 보고 싶은 것만 보려고 하고, 듣고 싶은 것만 들으려고 한다. 투자의 세계에서는 그런 경향이 더욱 강해진다. 현실을 애써 외면하고 당장 편한

길만 가려고 하는 것이 우리의 모습이 아닐까?

　혼돈의 시장에서 궁극적으로 시장을 이기는 방법은 정신을 차리고 자신만의 철학을 만드는 것이다. 하지만 이것은 통찰력이 있어야 하기 때문에 사실상 우리 개미에겐 매우 힘든 일이다. 우리는 동물적 감각을 이용해야 한다. 여기서 동물적 감각이란 '선'과 '악'을 분리할 수 있는 직관적인 능력을 말한다. 진실과 거짓을 구분하는 것은 힘들지만, 대부분은 직관적으로 선악은 구분할 수 있다. 어느 것이 결국은 '정의'인지 어렴풋이는 알고 있다. 주식매매를 해서 재빠르게 돈을 벌려고 하는 행위는 건전하지 못하다는 사실을 알고는 있다. 모두가 빠르게 돈 버는 방법을 알고 싶어하고 대박이나 떼돈을 향한 가냘픈 돛단배를 타려고 하지만 그런 방법은 애초에 없다는 것도 사실은 잘 알고 있다. 주식매매를 해서 쉽게 돈을 벌 수 있다면 누구든 일을 때려치우고 주식매매만 하려고 할 것이다. 그런 세상은 누가 봐도 엉터리다.

　나도 주식매매를 시작한 초창기에는 대박이나 떼돈을 향한 열망에 타올랐지만, 나중에 알게 된 진실은 나 혼자만 대박 나고 떼돈을 번다는 건 불가능하다는 것이었다. 우리는 다 같이 벌어야 한다는 사실, 주식시장은 결국 우리가 살아가는 세상의 일부라는 것을 알게 되었다. 주식 시세판에 있는 삼성전자, POSCO, 현대차, LG 등 유수의 기업들은 단순히 종목의 이름이 아니라 나라의 중추적인 산업이라는 사실을 숱한 눈물을 흘린 후에야 깨닫기 시작했다. 시장이 대세 상승장에 들어서야만 내가 그리고 모두가 돈을 벌 수 있다는 지극히 당연한 사실을 알게 되었다.

주식매매로 혼자만 떼돈을 벌 수 있는 특별한 방법 같은 것은 애초부터 없었다. 설령 있다 해도 그것을 알아내려면 생업을 포기하고 적어도 주식시장 안에서만 10년 이상의 처절한 고통을 겪고 죽음의 문턱을 다녀온 다음에야 가능할지 어떨지 모르겠다. 그리고 서글픈 일이지만 그런 고난 끝에 얻은 비법이라는 것은 얻는 순간 이미 비법이라는 딱지가 떨어져나가 버린다. 때문에 생업을 포기하면서까지 대박이나 떼돈을 좇지 않는 것이 건강과 행복을 위한 최선의 선택이다.

시장은 단기적으로는 혼란스럽지만 장기적으로 봤을 때는 가치와 정교하게 일치한다. 그것이 모두가 살 길이기 때문이다. 한 사람은 천하보다 귀하고 한 개인은 존엄하지만, 그 존엄이란 사회가 바로 서고 속해 있는 체제가 안전하게 유지될 때 의미가 있다.

우리 모두는 자기의 이익을 위해 온 힘을 다한다. 하지만 전체가 위협을 받는 심각한 상황에 처하게 되면 모두가 개인적인 욕망을 버리고 전체를 위해 희생하는 모습을 보인다. 인간은 혼자서는 살아갈 수 없기 때문이다.

모두가 떼돈을 벌어들이는 대세 상승기라 하더라도 경제의 실질적 성장이 없이 단순히 시중에 유동성이 넘쳐 주가가 상승하는 것이라면 결국 돈의 가치를 심각하게 손상시킬 뿐이다. 돈의 가치가 손상되면 자본주의 체제는 침체되거나 심지어 붕괴될 수도 있다. 그래서 결국 거품이 터지고, 돈의 가치에 손상을 주었던 투기 행위자는 반성과 참회의 시간을 맞이해야 한다.

시장의 상승과 돈의 가치는 경제의 질적, 양적 성장이 동반될 때만 가치가 있다. 그러나 이러한 과정은 결코 만만치 않으며 단기간에 이루어질 수도 없다. 역사에서 투기가 반복되는 것은 우리의 이성과 본능 사이에서 이성이 패배했기 때문이다. 앞으로도 투기의 역사는 계속될 것이다. 인간은 결코 이성과 본능을 분리시킬 수가 없기 때문이다.

투자의 성공이란 이러한 역사의 반복 속에서 이성의 끈을 놓지 않는 것이다. 이성과 본능의 끊임없는 갈등이라는 투자 과정 그리고 한순간의 방심이 불러오는 처참한 결과를 우리는 역사를 통해 배워야 한다.

끊임없이 '진실은 무엇인가?'에 대한 질문을 던지면서 투자를 해야 한다. 이러한 물음 없이 투자를 하는 순간 투자를 가장한 투기가 된다. 또한 우리에게는 선과 악을 직관적으로 구별할 수 있는 능력이 있으므로 땀 흘려 일하지 않고 어떤 노력도 없이 사회의 부를 강탈하려는 이들을 당연히 비난해야 한다. 남보다 더 큰 부를 누리려고 하는 사람이라면 그에 걸맞은 노력을 해야 하고 더 큰 고통의 과정을 거쳐야만 한다. 그것이 돈의 가치를 높이는 길이기 때문이다. 돈의 가치가 올라가면 가진 돈이 많은가 적은가에 상관없이 누구에게나 좋은 일이다.

02.. 투기는 철저히 버려라

살다 보면 "와, 정말 세상 많이 좋아졌네"라는 말이 절로 나올 때가 있다. 문명은 급속도로 발전하고 사람들은 모두 열심히 살고 있다. 그렇지만 문명이 발전할수록 인생이 고달파지기도 한다. 분명히 세상은 점점 풍요로워지는데 삶의 무게는 점점 더해간다. 왜 그럴까?

살기 좋은 세상에서 삶이 고달파지는 가장 주요한 이유는 돈에 더욱 집착하게 되기 때문이다. 왜 돈에 집착할까? 돈으로 할 수 있는 것이 예전보다 많아지기 때문이다.

잠깐만 생각해봐도 "아, 돈만 있었어도……" 하는 탄식을 얼마나 많이 하는지 알 수 있을 것이다. "돈, 돈, 돈……. 돈만 있었어도!" 이 사회에는 고도의 문명이 넘쳐나지만 그 혜택은 돈이 있어야 누릴 수 있다. 그래서 우리는 돈의 노예가 되어가고, 돈을 얻고 지키려고 손발을 바들바들 떨면서 살아간다. 그렇게 우리는 돈을 사랑하면서 두려워한다. 그러는 한편 모든 사람이 돈을 벌기 위해 온 힘을 들이며 살아가기 때문에 사회는 역동하고 문명은 초고속으로 발전한다. 이 톱니바퀴는 끝없이 굴러간다.

우리는 공급초과의 세상에서 살고 있다. 모두가 돈을 벌려고 열심히 일하기 때문에 끊임없이 새로운 상품이 쏟아져 나온다. 하지만 풍요로운 사회를 살아가면서도 정작 개개인의 생활은 왜 어렵기만 할까?

결국은 욕심 때문이다. 우리의 욕심과 욕망은 끝이 없고 충족될 줄을 모른다. 자신에게 주어진 것에 만족해하며 행복감을 느끼는 것이 아니라 끊임없이 주위 사람들과 삶의 수준을 비교한다. 우리는 상대적 빈곤 때문에 불행한 것이다.

간단히 예를 들어보자. 내가 티코를 타도 주위에 아무도 차가 없다면 나는 부자일 것이다. 그런데 내가 그랜저를 타더라도 주위 사람들이 다들 벤츠나 BMW를 탄다면 나는 가난한 것이다.

아이들은 옛날 이야기를 들으려 하지 않는다. 보릿고개나 계란 하나로 행복했던 시절의 이야기를 들려주면서, "넌 행복한 줄 알아라!" "아빠 엄마 때는 이런 생활은 상상도 못했다"고 말을 해도 전혀 공감을 하지 못한다. 단지 또래 친구들과 비교해서 부의 질을 측정할 뿐이다. 친구 중 누구는 갖고 있다며 최신 휴대전화나 멀티기기를 사달라 하고 명품 시계나 지갑을 사달라고 조른다. 친구들과 비교해서 자신이 가난한지 부자인지를 판단하는 것이다.

이렇듯 부는 상대적이다. 저축수준과 소비수준도 상대적이다. 우리는 사회의 영향에서 벗어날 수가 없다. 아무도 혼자 살아갈 수 없으며, 우리 머릿속의 철학과 생각도 모두 사회의 교육을 통해 이루어졌다. 하지만 피동적으로 사회의 영향을 받아 반응하기만 할 것이 아니라 주체적으로 무엇이 '진정한 부'인지 생각해야 한다. 이것이 투기를 피하고 투자를 만드는 기준이 되기 때문이다. 나는 지금 주식투자에 관한 책을 쓰고 있으며 '풍요 속의 빈곤을 해결하려면 가진 것에 만족하라' 식의 주장을 늘어놓을 생각은 없다. 단지 부와 빈곤은 이처럼 상대적이라는 것을 짚고 넘어가고 싶었다.

풍요 속의 빈곤을 겪는 가장 큰 이유 역시 투기를 하기 때문이다. 좀 더 완화된 표현을 써보자면 투자를 너무 공격적으로 하기 때문이다. CAPM(자산자본결정모형) 등 어려운 이론을 들먹이지 않더라도 기대수익률이 크면 위험도 커진다는 사실을 누구나 직관적으로 알고 있다.

큰 수익은 저절로 얻어질 수 없다. 그만큼 큰 위험을 짊어지고 오랜 기간 남들보다 훨씬 노력하고 노련하게 행동해야 얻을 수 있다. 하지만 많은 이들이 단기간에 큰 수익을 얻으려고 행동한다. 그래서 실패한다.

단기간에 큰돈을 벌기 위해서는 정의롭지 않은 행동을 할 여지가 크다. 그래서 풍요의 시대에 살면서도 자꾸만 빈곤해지는 것이다. 무엇 때문에 가난하다 느끼고 고통을 받는가? 가난과 고통의 원인이 해외여행을 못 가서인가? 더 좋은 차를 못 타서인가? 더 좋은 집에 살지 못해서인가? 더 비싼 옷을 못 입어서인가?

나는 인간의 기본적인 욕구인 이러한 바람을 비난하고 싶은 마음은 없다. 단지 노력도 하지 않고 이러한 것을 누리고 싶어하는 헛된 욕심에 대해서는 경계하고 싶다. 지금 세상은 모두가 열심히 살면 살수록 더 힘들어진다. 모두가 열심히 살고 있기 때문에 더 잘살려면 더 노력하고 더 노련하게 행동해야 한다.

다시 주식시장으로 눈을 돌려보자. 종합주가지수는 현재 체제에서 장기적으로 보았을 때 무조건 상승할 수밖에 없다. 정부의 재정정책과 각종 금융기관의 신용창조로 돈은 점점 많아질 것이며, 시중의 과잉된 유동성은 부동산이나 주식시장으로 흘러들어 갈 것이기 때문이다. 그러므로 우리는 굳이 큰 수익을 위해 노력할 필요가 없다. 전속력으로 발전하는 풍요로운 문명의 혜택을 그저 누리면서 살면 된다.

주식투자를 할 때 돈을 벌려고 투자하는가? 아니면 돈을 지키려고 투자하는가? 세계는 '돈 님'의 품을 향해서 무한정 달려가고 있다. 우리가 돈이면 다 되는 세상으로 만들어버렸기 때문이다. 세상은 점점 발전하고 있고 풍요로워진다. 지금의 체제에서 금값은 계속해서 상승할 것이다. 또한 코카콜라라든지 질레트라든지 막강한 브랜드 네임과 유통망을 가진 산업은 인플레이션을 따라잡을 만큼 가격을 상승시킬 수 있고, 이로써 큰 영업이익을 창출할 수 있다.

우리는 경험적으로 물가상승이 얼마나 무시무시한지 알고 있다. 이토록 다들 재테크에 목을 매는 이유는 적금만 들어서는 부자가 될 수 없음을 직관적으로 알고 있기 때문이다. 5년 전의 1억과 현재 1억의 가치가 어느 정도 달라졌는지 생각해보라. 겨우 5년 만에 얼마나 빠른 속도로 가치가 떨어졌는지 대번 알 것이다.

물가가 빠르게 상승한다는 것은 그만큼 인류가 역동적으로 움직이고 있다는 것이다. 물가가 빠르게 상승할수록 금값은 점점 빠르게 상승한다. 금값만 올라가는 것이 아니다. POSCO의 철값도 오르고 삼성화재의 보험금도 오르고, 태평양의 화장품값도 오르고, 롯데칠성의 사이다값도 오르고, 제일기획의 광고료도 오르고, 유한양행의 휴지와 생리대도 값이 오른다.

이런 기업은 단순히 제품의 가격 상승으로 인플레이션을 상쇄시킬 수 있다는 장점만 갖고 있는 것이 아니다. 이 기업들의 주식을 매수하여 5년에서 10년 정도 장기적으로 투자한다면, 주가의 시세차익은 물론이고 그 기간 동안 배당금이라는 부수입도 거둘 수 있다. 분명 이 기업들은 인플레이션에 악영향을 받지 않고 안정적으로 영업이익을 창출할 것이다.

과거에 비해서 우리는 이미 충분히 부자다. 과거에는 휴대전화기만 들고 있어도 부자였고 포니라는 트럭을 몰고 다녀도 엄청난 부자였다. 즉 우리가 현재 느끼는 빈곤감은 상대적인 것이다. 순간적인 기분에 휘둘려 투기판에 뛰어들듯 주식시장에 무모하게 들어서서 고통을 받으면서 살지 말자는 뜻이다.

우리는 누구나 부자로 잘살 수 있다. 현 체제는 문명 탄생 이후 가장 공격적이고 적극적인 발전을 이루고 있기 때문이다. 지금의 체제는 어느 개인에게도 게으름과 나태함을 허락하지 않는다. 개인 역시 돈을 벌려고 모든 노력을 다한다.

이상의 논의를 바탕으로 투자의 정의를 다시 내려야 한다. 개미에게 투자란 위험하게 돈을 투입해서 무리하게 초과수익을 내려는 행동이 아니다. 물 흐르듯이 발전하는 문명의 인플레이션을 따라가는 것이다.

우리 개미는 고도화된 사회 속에서 진실과 거짓조차 판단할 수 없다. 그저 맡은 생업에 온 힘을 다하는 것이 우선적으로 해야 할 일이다. 그리고 돈의 가치가 하락하는 것은 문명의 발전 과정에서 필연적이라는 점을 생각하고, 이를 활용할 수 있는 산업과 기업에 장기적으로 투자해야 한다. 이것이 바로 부자가 되는 지름길이며 풍요 속 빈곤을 극복하는 방법이다.

03.. 인플레이션을 제대로 이용하라

우리는 돈을 벌기 위해 투자한다. 하지만 역설적이게도 그 때문에 돈을 잃는다. 단지 돈을 벌기 위해서 투자를 하게 되면 당장의 이익과 수익, 손실만 보일 뿐이다. 이성적 진실은 가려지고 거짓과 소문의 달콤한 유혹만 보이고 들린다.

1. 내일 어떤 주식이 오를까요? 앞으로 시황은 어떻게 될까요?
2. 어떤 기업이 장기적으로 질적 성장이 가능할까요? 앞으로 어떤 산업에 투자해야 국가발전에 보탬이 되고, 우리 아이들이 더 행복하게 살 수 있을까요?

만약 투자 전문가에게 질문을 할 기회가 있다면 위의 몇 번을 고르겠는가? 1번을 선택한 사람은 그저 단기적 수급에 따른 시황이 궁금할 뿐이다. "난 투기를 하겠어요. 내일 종목을 짚어주세요!"라는 의미밖에 되지 않는다. 투자를 위해 진정 궁금해해야 할 것은 바로 2번의 내용이다. 그것이 바로 지금 풍요의 시대를 유지할 수 있는 방법이기 때문이다. 질적 성장이 동반되지 않는 주가 상승은 결국 돈의 가치를 하락시켜 상승이 무의미해진다는 사실을 앞에서도 논의했다. 국가발전과 다음 세대의 행복까지 고려하는 진지한 고민이어야 이 시대의 풍요가 지속될 수 있으며 또한 투자에서도 성공할 수 있다.

    누구나 돈을 가지고 싶어한다. 극단적으로 말하자면 돈에 미치고 환장한다. 하지만 만 원짜리 돈은 우리나라의 채권을 담보로 찍어내는 종이에 불과하다는 사실을 알아야 한다. 채권과 이를 기초로 만들어내는 종잇조각의 가치는 전적으로 국가의 신용으로 정해진다.

    아무리 힘들게 돈을 모아서 방 한 칸을 가득 채운다 해도 국가의 신용이 떨어지거나 국가가 힘들어지면 종잇조각밖에 되지 않는다. 우리가 풍요해지는 길은 국가가 부강해지는 것이다. 돈의 가치는 채권의 가치로 정해지며 국채의 가치는 결국 우리가 만들어낸다. 또한 국가 채권의 가치는 국민의 미래 세금과 국민의 생산성과 효율성을 담보로 만들어진다.

이론상으로 기업이 발행한 채권의 신용도는 그 기업이 아무리 번창해도 해당 국가의 신용도보다 높을 수는 없다. 정부는 막강한 조세 청구권을 통해 자국 내 기업의 자산과 이익에 대해 거의 제한 없이 우선적 청구권을 행사할 수 있다.

세계화의 영향으로 다국적 기업이 된다고 해도 기업은 자신이 속한 국가의 영향력에서 벗어날 수 없다. 이론상으로는 대한민국에 속해 있는 어떤 기업도 대한민국의 신용 자체를 뛰어넘을 수 없다. 우리는 우리나라 기업들이 상장된 코스피와 코스닥시장에 투자하고 있으며, 이곳에서 수익을 얻어야 한다. 이곳에서 인플레이션을 활용해 풍요를 누려야 한다.

인플레이션을 이용해 투자하려면 무엇을 해야 할까? 가장 먼저 "내일은 어떤 종목이 오를까요?" "앞으로 어떻게 하면 돈을 벌까요?"라는 질문보다 "앞으로 어떤 기업이 장기적으로 질적인 발전을 할 수 있을까요?" "앞으로 어떻게 하면 국가가 발전할 수 있을까요?"라는 질문에 초점을 맞춰야 한다.

투기만 생각하는 사람은 단기의 수익만을 바라기 때문에 주식시장이 우리 삶의 공간이자 자본주의의 꽃이라는 생각을 하지 못한다. 그저 단기간의 투자수익만을 얻으면 족하다고 생각한다. 심지어 주식시장이 제로섬 게임이 진행되는 곳이라고 여긴다. 투기를 하는 사람은 모두가 잘사는 방법은 생각하지 않고, 주식시장을 먹고 먹히는 투기의 장으로 바라본다.

앞에서 나는 인플레이션을 이용하는 투자를 해야 성공할 수 있으며 모두가 잘사는 투자가 된다고 강조했다. 그렇지만 혹시 그런 방법이 너무 쉬워서 시시하고 지루해 보인다는 독자가 있을지도 모르겠다. 차트에 지지선이니 저항선이니 굵은 선들을 그어가며 이때 사서 이때 팔라는 식의 비법을 기대하고 이 책을 집어든 독자라면 더욱 그럴지도 모르겠다. 한마디로 박진감이 없다고 느낄 것이다. 그리고 5년에서 10년 동안 장기로 투자하여 복리의 마법을 누리라는 얘기도 가슴에 와 닿지 않는 독자가 있을지 모른다. 만약 당신이 그중 한 사람이라면 처음부터 한 번만 차근차근 다시 읽어오길 바란다. 바로 전형적인 투기자의 다급함이 보이기 때문이다. 내가 심장을 저미는 고통을 겪으면서 깨달은 사실, 주식시장을 투기판으로 접근하면 무참히 깨질 수밖에 없다는 사실을 당신에게 간절히 전달하고 싶다.

인플레이션을 이용하는 투자 역시 결코 쉽지 않다. 인플레이션을 이용하려면 그만큼 세계 최고의 질적, 양적 기업들이 우리나라에 있어야 한다. 코카콜라나 질레트, 나이키 같은 각 분야의 최고 기업을 보면 알 수 있다. 최소 10년 이상 지속적으로 시장경쟁에서 최고의 지위를 차지해왔고, 가격경쟁력을 가질 수 있으며, 꾸준한 영업이익을 내고, 지속적으로 시장을 확장해가고, 사업의 구조가 크게 변하지 않을 기업이 과연 몇 개나 될까? 인플레이션을 이용하려면 기업이 생산해내는 상품의 가치가 시장에서 거의 '금'과 맞먹는 가치를 지녀야 한다. 우리나라는 이런 기업을 과연 몇 개나 보유하고 있을까? 이와 관련해서는 11장에서 사례를 들면서 더 구체적으로 논의하겠다.

안정적이고 쉽다고 생각하는 이 투자방법도 막상 해보면 극도로 스트레스를 준다. 인플레이션을 이용할 수 있는 기업은 정말로 막강한 기업이어야만 하기 때문이다. 그렇기 때문에 이 방법대로 실제 투자하다 보면 워런 버핏이 왜 '계란을 한 바구니에 담아라'고 조언했는지 저절로 깨닫게 된다. 결코 망할 수가 없고, 생산해내는 상품의 가치가 금과 같을 수 있는 기업은 극소수이기 때문이다.

세계 속에서 대한민국의 위상이 어느 정도인지 생각해보자. 2008년 노벨 경제학상을 받은 폴 크루그먼의 생각을 요약하면 이렇다. '대한민국은 공산당의 성장과 다를 바가 없다. 그 양적 성장은 이제 곧 한계에 도달한다.'

과거 150년간 서구의 경제성장이 주로 기술발전에 따른 경제의 효율성 향상에 기초를 둔 것인데 비해, 과거 공산권과 현재 아시아 개발도상국의 성장은 주로 생산요소 투입의 양적 확대 때문이었다는 지적이다. 따라서 이런 성장은 과거 공산권의 성장이 그러했듯이 어느 단계에 이르면 한계에 부딪히게 마련이며, 결국 그 속도가 둔해

지리라는 것이다. 그래서 이른바 환태평양 중심의 세계 경제 시대가 도래할 것이라는 주장도 지나치게 과장된 표현이라는 뜻이다. 만일 아시아의 성장에 어떤 비결이 있다면 그것은 단지 행복을 뒤로 미룬다는 것이다. 즉, 미래의 이득을 위해 현재의 만족을 기꺼이 희생시키는 것이다.

〈폴 크루그먼 경제학의 진실〉(황금사자, 2009)

폴 크루그먼의 결론을 쉽게 정리하자면 이렇다. "너희가 이 정도로 잘살 수 있는 가장 큰 이유는 오직 '헝그리 정신' 덕분이다."

그는 아시아에서 보여준 최근 몇십 년 동안의 고성장을 그저 양적인 성장으로 치부해버린다. 중앙정부의 통제 계획에 따른 양적 투입의 증가, 예를 들어 도로 건설 등 사회 기반시설과 제조업 라인의 확대, 교육수준의 확대 등에 의한 성장이라는 것이다. 허허벌판에서 외국의 자본과 기술을 빌려 일시적으로 성장했을 뿐이고 계속적인 양적 투입이 불가능하기 때문에 그러한 성장은 곧 한계에 부딪히고 말 것이라는 얘기다.

그 얘기는 마치 "반도체 라인을 늘린다고? 자동차 라인을 늘린다고? 중공업 도크를 늘린다고? 화학업체를 더 늘린다고? 건물을 더 짓는다고? 그렇게 한다고 해서 성장을 지속할 수 있을 것 같은가? 공급을 늘려봐야 가격경쟁력만 떨어질 뿐이다. 그와 같은 양적 성장은 한계가 있다"고 말하는 것처럼 들린다. 이와 같은 폴 크루그먼의 의견은 우리로서는 억울한 점이 없지 않지만 상당 부분 공감이 간다.

우리는 반도체 라인과 자동차 라인을 늘리고, 중공업 도크를 늘리고, 건설업체를 늘리고, LCD 라인을 더 늘린다고 해서 지속적으로 발전하는 것이 아니라는 것을 알고 있다. 이러한 양적 투입은 공급초과로 가격의 경쟁력 약화만을 가져온다. 또한 무리한 설비 확장은 경기가 침체되면 기업 도산사태로 이어진다는 것도 알고 있다.

대한민국은 기로에 서 있다. 양적 투입은 한계에 도달해가고 있으며, 그마저도 중국이 더 독한 계획경제로 양적 투입을 극대화하면서 우리의 주요 산업을 무서운 속도로 따라오고 있다.

아시아에서 일어나는 양적 산업의 확대는 제 살 깎아먹기의 경쟁과 같다. 양적 성장이 동시다발적으로 일어나면 오직 가격경쟁력으로 승부해야 한다. 가격을 더 싸게 공급해야 하기 때문에 만들면 만들수록 골병만 들고 힘들어진다. 열심히 일하지만 삶은 더 고달퍼진다.

자원이 없는 우리나라가 수출 중심인 제조업에서 경쟁력이 떨어진다면 내수는 어떻게 될까? 인구가 적은 우리나라는 수출이 경쟁력을 잃으면 내수 또한 급격히 침체된다. 내수의 활성화는 수출의 결과물일 뿐이다. 수출이 경쟁력을 잃어가고 내수가 침체된 국가경제 상황에서 인플레이션을 이용한 투자를 할 수 있을까? 말도 안 된다. 나라가 힘을 잃으면 투자할 수 있는 기업 자체가 없어진다.

인플레이션을 이용한 투자는 우리에게 풍요 속의 행복을 가져다준다. 그런데 무엇이 우리에게 풍요를 가져다주는가? 세상이 저절로 풍요를 가져다주는가? 그것은 아니다. 대한민국은 먹을 것 안 먹고, 입을 것 안 입고, 자식을 위해 모든 것을 헌신한 부모님 세대 덕분에 지금과 같은 풍요를 누리고 있다. 과거 중앙의 계획경제와 국민의 성실함과 근면함이 이 모든 것을 이루어낸 것이다. 하지만 미래에는 지금까지 해왔듯이 단순히 땀으로만 경쟁할 수는 없다. 양적 성장의 한계에 도달했기 때문이다.

한때 '88만 원 세대'라는 말이 이슈가 된 적이 있었다. 우리나라 비정규직 평균 임금인 117만 원에 20대 평균적 소득 비율인 74%를 곱해서 나왔다는 88만 원. 그 세대가 좌절하는 것은 취업의 어려움과 적은 보수 때문만은 아닐 것이다. 이들은 중·고등학교 때 IMF를 겪으며 경제적 어려움을 뼈저리게 체험했고, 그것이 트라우마(정신적 외상)로 남아 젊음을 만끽할 여유도 없이 토익과 성적, 인턴 등 열심히 준비해왔다.

하지만 그들에게 남은 것은 대부분 비정규직 일자리였다. 과거보다 분명히 좋은 환경에서 공부했지만 졸업과 동시에 취업난에 치이게 됐다. 그중 머리가 따라준다는 이들은 국가고시와 공무원 임용에 매달린다. 이런 현상은 왜 일어나는가?

산업이 양적 성장의 한계에 부딪히면서 더이상 확장을 할 수 없게 된 탓이다. 이를 넘어선 질적 성장만이 우리나라 산업이 나아가야 할 길이다. 그리고 그것이 우리에게 풍요를 누리게 하는 '인플레이션을 이용한 투자'를 가능케 한다.

국가 경제의 손익을 그 국가의 무역수지를 보고 판단할 수 있다고 단순하게 생각하는 사람이 있을지도 모른다. 질적인 성장 없이 양적인 확대로 수출을 열심히 해서 무역흑자가 생기면 우리는 안심할 수 있을까? 우리에겐 오직 수출에 의한 무역흑자만이 살 길인가? 경쟁력을, 국외에서 사들이는 것보다 더 많이 팔 수 있는 능력으로 측정할 수 있다고 생각하는 사람도 있을 것이다. 그러나 이론상으로나 현실적으로나 무역흑자가 국가의 취약함을 나타내고 무역적자가 오히려 국가의 힘을 나타내는 때도 있다. 예를 들어 1980년대 멕시코는 국제투자가들이 차관 제공을 중단했기 때문에 외채의 이자를 지급하기 위해 대규모의 무역흑자를 내지 않을 수 없었다.

당연한 이야기지만 세계법이란 존재할 수 없다. 있는 것처럼 보일 뿐이다. 세계는 정확하게 약육강식의 법칙을 기초로 한다. 우리나라는 달러가 부족하면 IMF를 맞이하고 국가 부도사태를 맞이해야 하지만 미국은 달러가 부족하면 찍어내면 된다. 우리나라가 악착같이 외환관리를 해야 하는 이유는 세계에서 대한민국의 원화가 차지하는 위상이 낮기 때문이다.

인플레이션은 피할 수 없다. 앞서 봤듯이 우리나라 대부분 금융기관은 이미 외국의 손에 넘어갔으며 미국은 기축통화라는 지위를 계속 유지하기 위해 수단과 방법을 가리지 않을 것이다. 세계 대부분 주요 국가에는 미군이 배치되어 있으며 세계의 통합기구 WTO, IBRD, IMF, OPEC 등등 대부분이 미국의 손아귀에 있다. 미국의 재정적자는 날이 갈수록 심해질 것이며 그 부담을 인플레이션을 통해 극복하려 할 것이다.

이런 상황에서 우리는 인플레이션에 의해 재산을 야금야금 강탈당해야 하는가? 아니면 인플레이션을 이용해 풍요를 누려야 하는가? 단순히 생각해도 돈은 우리에게 소중한 것이지만 더욱 깊이 있게 들여다보면 더욱더 소중하며 더 큰 의미를 안고 있음을 알 수 있다. 우리는 돈의 가치를 손상시키는 행동을 용납해서는 안 된다.

당장 내일 주가가 얼마나 오를지가 중요한가? 당장 내일 시장이 강세일지 약세일지가 중요한가? 부디 돈을 깊이 있게 들여다보고 장기적으로 성공할 수 있는 관점을 갖기 바란다.

무조건 수익 내는
업종 분류 주식투자법

지금까지 개념적으로 이해해 온 내용을 실전에 어떻게 적용할 것인지에 대해 살펴보자. 앞서 논의한 바대로 성공하는 주식투자는 전체적인 큰 흐름 안에서 판단하고 결정해야 한다는 전제조건이 필요하다. 지금까지의 논의를 충분히 숙지했음을 바탕으로 이제는 구체적인 종목 선정 사례를 보기로 하자.

01.. 기업을 분석하는 근본적인 방법

　글 말미에 오니 처음 주식시장을 접하던 때가 생각난다. 나에게 주식시장에서의 첫 경험은 정말 엄청난 충격이었다. 모든 사람의 관심이 집중되어 있는 주식시장은 도전의 욕구를 자극했고, 거대한 자본의 흐름은 나를 완전히 사로잡았다.

　주식시장에서는 100억이라는 돈도 1,000억이라는 돈도 아주 작은 부분에 불과하다. 흘러넘치는 돈과 흘러넘치는 풍요로움이 보인다. 돈이 돈을 낳고 다시 돈이 돈을 낳는 그곳에서 우리는 매력을 느끼지 않을 수 없다. 아니 주식시장과 사랑에 빠지지 않을 수 없다. 하지만 기대가 큰 만큼 실망이 큰 곳이기도 하다. 열렬히 사랑하는 만큼 모든 에너지를 쏟아 붓지만 어느 순간 배신당했다는 생각이 들 것이다. 그러면 사랑했던 만큼 분노하고 절망한다. 이런 이유로 주식시장은 우리의 애증이 뒤섞인 공간이다.

경제를 공부하고 기업의 펀더멘털을 철저히 분석한다 해도 성공을 장담할 수 없는 곳이 바로 주식시장이다. 주식시장은 우리가 이성으로만 대할 수 없는 '돈 님'이 존재하는 곳이기 때문이다.

그래서 나는 단순히 주식의 투자방법을 가르쳐주는 것보다 '돈 님'의 마력을 극복하는 방법을 설명하기 위해 노력하며 여기까지 왔다. 다소 딱딱하긴 하지만 금본위제와 신용화폐제를 설명하면서 돈은 얼마든지 찍어낼 수 있는 종잇조각에 불과하다는 논리로 '돈 님'의 마력을 약화시키기 위해 노력했다. 돈은 결국 우리의 이성과 믿음을 전제로 할 뿐이라는 이야기를 계속 해왔다.

실제로 투자하다 보면 어느 틈에 정신을 잃어버리곤 하는 곳이 주식시장이다. 그리고 때로는 스스로 정신줄을 놔버리길 원하기도 한다. 똑바로 정신을 차리고 있기가 너무 고통스럽기 때문이다. 주식시장에서 대박과 떼돈의 환상은 너무나 달콤하고 매력적이다. 그래서 진지하게 들어왔던 사람도 나중에는 고스톱판의 막가는 투기꾼처럼 '못 먹어도 고'를 외치게 되어버린다. 기술적 분석과 기본적 분석을 완벽하게 익히고, 경기변동을 완벽하게 숙지하고, 모든 투자방법을 배웠다 해도 결국은 투자를 바라보는 기준과 자기 철학이 없다면 스스로 무너지고 만다.

돈을 벌면 버는 대로 '돈 님'의 마력은 사람을 거만하게 만들고 과감해지도록 하여 더 많은 신용과 미수, 담보대출을 사용하게 만든다. 돈을 잃으면 잃는 대로 '돈 님'의 마력은 사람을 벼랑 끝으로 밀어버리고 더 무절제한 투기로 몰아붙인다. 심지어는 생명까지도 앗아간다.

주식시장이 무서운 이유는 '돈 님'을 직접 통제하고 다루기 때문이다. 오늘 매수했더라도 오늘 당장 매도할 수 있고 매도 후 3일이면 현금이 된다. 부동산만 봐도 오늘 매입해서 오늘 판다는 것은 쉬운 일이 아니다. 주식시장은 눈앞에서 돈이 초고속으로 오가는 곳이다. 그러므로 돈을 다루지 못하면 결코 살아남을 수 없다.

돈을 벌기 위한 현란한 기교와 기술은 결국 '돈 님'의 마력 앞에서 언제나 무릎을 꿇을 수밖에 없다. 때문에 '돈 님'을 감정과 욕망으로 바라보지 않고 이성으로 바라봐야 하며, 그러기 위해서는 돈이 만들어지는 원리와 돈의 가치가 변화하는 원리를 알아야 한다. 그리고 경제와 경기라는 전체의 원리를 알고자 노력해야 한다. 이것은 돈을 버는 길 이전에 '돈 님'을 극복하는 방법이다.

과거 세련된 형태의 화폐 제도였던 금본위제가 왜, 어떻게 폐지되었는지 그리고 현재 신용화폐의 장점과 문제점은 무엇인지에 대해서도 알아야 한다. 현재와 같은 체제에서 경기변동은 어떻게 이루어지는지, 환율과 금리는 어떻게 변화되는지를 차분히 따져볼 줄 알아야 한다. 이러한 틀 속에서 기본적 분석과 기술적 분석을 종합하여 상장기업을 분석해야 한다. 그리고 아무리 분석하고 예측해도 기업은 결국 사람이 이끌어가는 것이기 때문에 주식투자에서 100% 확신이란 존재할 수 없다는 사실을 인정해야 한다.

근본적으로 따지고 들어가면 기업을 분석하는 방법이라는 것도 존재하지 않는다. 단지 우리는 기업의 과거와 현재를 보고 미래를 추론하는 것뿐이다. 가치투자의 기준이 되는 내재가치조차 우리는 실질적으로 계산할 수 없다. 그럼에도 우리는 "어떻게 투자해야 승리할 수 있는가?"라는 질문을 끊임없이 던져야 한다. 이것은 해결책이라기보다 최선책이다. 이런 혼란한 자본주의의 거대한 틀 속에서 스스로를 위해 투자의 기준을 정해야 하기 때문이다.

또한 어제의 방법이 오늘은 통하지 않을 것이고 어제의 1등이 오늘의 1등을 보장받을 수 없음을 인정해야 한다. 기술의 표준은 시대가 바뀔 때마다 계속 변해가며, 가치관이나 사물에 대한 정의조차 변화한다. 돈만 보고 주식시장에 뛰어들면 본질은 보지 못하고 세속적인 껍데기만 보느라 진실과 거짓을 구별할 수 없게 된다. 그리고 한도 끝도 없는 안개 속에 갇혀 어느 길로 가야 할지도 모른 채 '돈 님'의 마력에 빠져 죽음의 공포를 느끼게 된다. 이런 곳이 바로 주식시장이다.

수많은 종목이 있고 온갖 정보와 소문이 난무하는 주식시장. 이곳에서 어떤 기준으로 투자를 하겠다는 철학을 가지고 있는가? 이 물음에도 대답하지 못한다면 망망대해에서 폭풍까지 불어닥칠 때 어디를 바라보며 노를 젓겠는가?

주식을 매수하는 것은 단순히 주식 증서를 매수하는 게 아니라 기업의 일부를 사는 것이다. 주식을 매수하면 주주로서 기업에 대해 주인의식을 가져야 한다. 그리고 실제로 매수와 동시에 주주에 대한 권리도 부여된다. 하지만 개미들에겐 현실적으로 와 닿지 않는다. 소액주주로서 실제 어떤 권리를 행사해보았는가? 배당을 받을 권리, 무상증자를 받을 권리, 유상증자를 우선적으로 받을 권리, 회사가 청산되었을 때 청산가치를 받을 권리 등 이러한 모든 사항에서 소액주주로서 의견을 행사한 적이 있는가? 대부분은 경영자와 이사진의 의견을 그저 따르기만 했을 것이다.

우리가 주식 매수를 투자라고 부르는 이유는 주식을 사는 행동이 궁극적으로 회사에 부채 없는 자금을 조달해주는 행동이기 때문이다. 그러므로 한 명의 주주로서 자금을 투입한 만큼 유한책임을 지는 것이다.

그렇지만 개미에게 주식을 매수한다는 의미는 기업 자체를 사는 것이라기보다는 경영자나 이사진에게 돈을 투자하는 행동으로 보는 것이 맞다. 기업은 어차피 소액주주인 우리가 아니라 회사의 경영진과 이사진이 이끌어가기 때문이다. 우리는 경영자와 이사진 그리고 전 사원이 열심히 일하기를 지켜보며 최선을 다할 것이라고 믿는 것이 전부다.

지금까지 정리한 내용을 바탕으로 실전 투자에 어떻게 임하면 좋을지를 이야기해보겠다.

02.. 업종을 분류하는 네 가지 기준

우리 개미는 실전에서 어떻게 해야 승리할 수 있는가? 그 첫 단계가 업종을 선택하는 안목이다. 나는 수많은 업종을 다음과 같이 네 가지로 단순화시켰다.

1. 인플레이션을 이용할 수 있는 기업
2. 유틸리티 기업
3. 경기순환형 기업
4. 경영자를 보는 기업

1. 인플레이션을 이용할 수 있는 기업

인플레이션을 이용할 수 있는 기업은 어떤 것인가? 나는 다음과 같이 요약하고 싶다. '제품이나 서비스의 가격이 물가와 같이 상승하는 기업'

이렇게 정의를 내리고 보니 가스나 전력 등 공기업적 성격이 강한 산업이 떠오른다. 하지만 앞에서 논의한 것처럼 공기업은 인플레이션을 효과적으로 이용할 수 없다. 정부의 입김이 언제 작용할지 모르기 때문이다. 또한 공공재는 독점적 지위를 누리더라도 기업의 수익성을 위해 가격을 마음대로 올릴 수도 없다. 그랬다가는 국민들의 분노와 비난을 피할 길이 없고 정치적 압력도 받게 된다.

그다음으로 떠올릴 수 있는 것이 금과 은 같은 상품 또는 금이나 은과 같이 계속 사용하면서도 가치가 불변의 것이라고 인정할 만한 재화나 서비스다. 그런데 이런 기업을 찾기도 쉽지 않다. 우리 생활의 수많은 상품 중에서 금, 은과 맞먹는 가치를 지닌 것이 얼마나 있겠는가?

그래서 인플레이션을 이용하여 투자할 수 있는 기업을 찾기란 생각보다 쉽지 않다. 일단 기업이 영원불변하면서 계속 존재한다는 전제조건이 있어야 하고, 기업의 상품이나 서비스가 인류가 존재하는 한 계속 사용가치가 있어야 하며, 다른 기업을 제치고 가격 결정력을 가질 수 있는 독점적 위치를 차지할 수 있어야 한다. 그

만큼 어느 경쟁기업과 맞서 싸워도 이길 수 있는 강력한 브랜드 네임, 영업능력, 자금력은 물론 독보적인 유통망을 확보하고 있어야 한다. 치열한 시장경제에서 어떤 하나의 기업이 독점적 위치를 차지하기란 상상 이상으로 어려운 일이다.

우리나라에는 과연 인플레이션을 이용할 수 있는 세계적 기업이 몇 개나 될까? 금과 은을 제외하면 가장 적합한 기업으로 '코카콜라'를 연상하면 된다. 코카콜라와 비견될 만한 우리나라 기업은 몇 개나 될까?

또한 인플레이션을 이용한 기업을 찾을 때 단순히 재화를 생산하는 기업에 한정 지을 필요는 없다. 인간이 살아가면서 반드시 이용해야 할 서비스도 포함된다. 예를 들어 운전을 하기 위해 필수적으로 가입하는 자동차보험을 생각해보자. 현재 자동차보험업계에서는 삼성화재가 독점적 위치를 차지하고 있다. 유통업체에서는 신세계가 미국의 월마트까지 밀어낼 정도로 명실공히 1위를 지키고 있으며 광고회사는 제일기획이 독점적이다.

모든 것은 가격이 오른다. 지금의 체제 자체가 인플레이션을 피할 수 없기 때문이다. 물가는 지속적으로 상승할 것이고 임금 또한 계속 상승할 것이다. 모든 재화와 서비스는 지속적으로 가격이 상승할 것이다. 이는 바꿔 말하면 화폐가치가 계속 하락하게 된다는 의미다.

기축통화라 불리는 달러의 가치가 지속적으로 하락할 것이기 때문이다. 하지만 미국은 이를 굳이 막으려 하지 않는다. 심지어 천문학적인 재정적자조차 신경 쓰지 않는 모습을 보이고 있다. 대신 기축통화로서의 지위를 유지하기 위해 앞으로도 정치력과 군사력을 동원하는 데에는 기를 쓸 것이다.

미국은 화폐가치를 안정시키는 대신 인플레이션을 더욱 부추길 것이다. 돈의 가치를 점점 하락시켜 종잇조각으로 만들고 OPEC를 동원해 석유값을 폭등시켜 달러의 수요를 부추길 수도 있다. 전쟁을 일으켜 이미 구식이 된 자국의 군수품을 비싸게 팔아치울 수도 있다. 그리고 우리나라에 한 것처럼 국가의 주요 은행을 장악해서 시중의 유동성을 조작하고 실물자산을 모두 가로챌 수도 있다. 심지어 국가 기반산업인 유틸리티산업까지도 차지할지 모르는 일이다.

극단적으로 보면 어차피 세계의 법이나 경찰은 없다. 군사력과 외교능력, 정치력이 국가의 화폐가치를 결정한다. 미국은 자국의 힘을 담보로 달러를 찍어낸다. 장기 국채를 발행해서 30년을 담보로 잡을지, 50년을 담보로 잡을지 알 수 없다. 심하다면 100년 뒤를 담보로 잡을 수도 있다. 이자를 더 많이 준다고 약속하면서 프리미엄 국채를 발행할 수도 있다. 하지만 어떤 경우라도 극심한 인플레이션을 유발하면 몇십 년 뒤 투자자가 받는 돈은 종잇조각보다 못할 것이다.

이것이 우리가 모르고 겪는 고통이며 현실이다. 아무리 열심히 일을 해도, 알뜰살뜰 저금을 해도 우리는 그것만으로는 부귀영화를 누릴 수 없다. 심지어는 저금을 늘려도 갈수록 가난해지는 상황이 발생한다. 현재 체제에서는 이와 같은 살인적인 인플레이션이 언제고 발생할 수 있다.

인플레이션을 이용할 수 있는 기업을 찾을 때는 모든 산업을 대상으로 하되 산업의 영속성과 독점적 지위를 중점적으로 살펴야 한다. 인플레이션을 이용할 수 있는 기업을 정의하자면 다음과 같다. 다소 추상적이라는 면은 있지만 최선의 정의가 아닌가 한다.

"인류가 존재하는 한 계속해서 필요한 산업을 영위하지만 정부의 간섭이나 영향을 받지 않으며, 시장의 치열한 경쟁에서 살아남아 독점적 위치를 확보하여 가격결정력을 가지고 있는 기업, 질적인 발전을 거듭하여 앞으로도 독점적 위치가 지속적으로 보장될 수 있는 기업을 말한다."

인플레이션을 이용할 수 있는 기업의 예
- 삼성화재
- 신세계
- LG생활건강
- 에스원

2. 유틸리티 기업

그다음으로 분류한 유틸리티 기업은 정부가 일부 지분을 가지고 있어서 공공재의 성격이 강하다. 유틸리티주는 경기방어주 역할을 한다. 국채의 가치와 비슷하다고 생각하고 매수하면 된다. 기업의 성격상 큰 수익이 나기가 어렵지만 큰 손실도 나지 않는다. 심리적 안정을 위해 포트폴리오에 편입한다고 생각하고 매수한다.

> 유틸리티 기업의 예
> - 한국전력
> - 한국가스공사
> - 삼천리

3. 경기순환형 기업

세 번째로 분류한 경기순환형 기업은 경기가 변동함에 따라 주가가 민감하게 움직이는 그룹이다. 경기에 따라 영업이익이 크게 차이가 나기 때문에 혼란스러운 주식이다. 주식시장의 전망은 낙관적으로 보면 한도 끝도 없이 좋아 보이고, 비관적으로 보면 한도 끝도 없이 나빠 보이기 때문이다.

경기변동을 예측한다는 것은 개미에게는 불가능에 가까운 일이므로 이를 시도해서는 안 된다. 섣부른 예측은 아예 하지 않는 것만 못하다. 경기변동은 산업의 자연스러운 성장과 쇠퇴로 이루어지기도 하지만 인위적인 유동성 조작으로도 이루어진다.

수많은 경제학자들과 펀드매니저, 애널리스트들이 번번이 실패하는 경기변동 예측을 우리가 어떤 근거로 제대로 해내겠는가? 대신 투기를 막기 위해 보유종목에 경기순환주를 포함시키는 것이 최선이다. 인플레이션을 이용한 투자는 단기가 아닌 장기적인 투자다. 그 오랜 기간 안에는 경기변동 주기가 몇 회나 반복될 수 있다. 격변하는 경기변동 주기 중 경기 활황이나 절정 구간일 때 경기순환주는 큰 폭으로 상승한다. 이때는 인플레이션주가 상대적으로 적게 올라가기 때문에 자금 전량을 투입해 인플레이션주만 보유하고 있으면 순진한 개미 투자자는 상대적 박탈감에 시달린다. 그래서 경기순환주로 교체하고 싶은 강렬한 욕구를 느낀다. 경기의 절정 구간에서 경기순환주의 당장 눈에 보이는 상승률은 인플레이션주와는 비교도 안 되게 높기 때문이다.

인플레이션주만 가지고 있으면 경기 활황기 때 분명히 정신을 잃게 되어 인플레이션주를 다 팔아버리고 경기순환주를 매수할 확률이 높다. 그런 최악의 상황을 미리 방지하기 위해서 약간의 경기순환주를 섞어주는 것도 나쁘지 않다. 경기순환주에 투자할 때 가장 손쉬우면서 확실한 투자는 시장의 분위기를 살피면서 매수하는 것이다. 경기변동주의 상승과 하락은 시중 유동성과 군중심리에 따라 급격하게 이루어진다. 시중의 분위기가 달아오르면서 장밋빛 미래가 판을 칠 때 서서히 매도를 고려하고 시중의 분위기가 비관으로 치달을 때 조금씩 매수하는 방법을 쓴다. 여기서 중요한 것은 이와 같은 방어작용을 통해 인플레이션주를 지속적으로 보유할 수 있어야 한다는 점이다.

경기순환형 기업의 예

● 건설주   ● 중공업주   ● 증권주

4. 경영자를 보는 기업

'경영자를 보는 기업'이란 앞의 세 가지 항목을 제외한 기업을 말한다. 인플레이션주, 유틸리티의 경기방어주 그리고 경기순환주를 제외한 작은 중소기업이나 테마주 그리고 코스닥 벤처기업 등 우리가 투기의 함정에 빠지기 쉬운 기업이다.

개미들은 소형주를 좋아한다. 왜냐하면 소형주는 잘 오르고 잘 떨어지는 특징을 가지고 있어서 투기에 가장 적합하기 때문이다. 100,000원짜리 주식이 200,000원짜리가 되는 것보다 1,000원짜리 주식이 2,000원이 되기가 훨씬 쉽다.

소형주는 우리나라의 대기업 위주 산업구조상 특별하고 독창적인 기업의 문화나 비즈니스 모델 그리고 경영자의 뜨거운 열정이 있지 않는 한 성장하기가 쉽지 않으며, 자금이나 외부상황에 영향을 크게 받는다. 즉, 돌발 변수가 대단히 많은 것이다. 특히 소규모 기업이나 벤처회사 같은 경우는 양적 지표가 우수하더라도 어느 순간에 외부 영향으로 큰 위기를 맞을지 알 수 없다. 더욱이 질적인 요소는 파악 자체가 어려운 경우가 허다하다.

또한 작은 회사의 주식을 매수해서는 인플레이션을 효과적으로 이용할 수 없다. 큰돈을 벌겠다고 이런 종목에 투자하는 것은 높은 위험을 끌어안는 일이다. 그럼에도 굳이 고수익을 노리고 테마주나 코스닥시장의 주식을 매수하겠다면, 기업에 투자한다기보다는 차라리 경영자를 보고 그 사람에게 투자한다고 생각하는 것이 제일 마음이 편할 것이다.

경영자를 보는 기업의 예
- 코스닥 주식
- 시가총액 1,000억 미만의 주식
- 테마주
- 기타 작은 회사들

인플레이션을 이용할 수 있는 기업과 유틸리티 기업의 경우는 구체적인 기업 명을 밝혔다. 그렇지만 경기순환형이나 경영자를 보는 기업의 경우는 워낙 시장에 따라 변동성이 크기 때문에 어떤 기업이라고 특정하기가 힘들어 해당 카테고리로 한정했다.

03.. PER과 PBR로 주가의 현재 위치를 점검하라

인플레이션을 이용한 투자는 무조건 만사형통인가? 기업을 발굴해냈다면 그 즉시로 매수해야 하는가? 당연히 아니다. 무조건 매수하고 볼 것이 아니라 주가를 판단해야 한다. 비싸게 매수하면 물론 기업에는 좋겠지만 재테크를 하려는 우리들에게는 되도록 낮은 가격에 사는 것이 유리하다. 아무리 훌륭한 기업이라도 무작정 매수를 해서는 안 된다. 경기는 계속 순환하면서 움직이고 그 속에서 필연적으로 거품이 발생하기 때문이다.

그렇다면 가격은 어떻게 결정되는 것일까?

앞에서 나는 기본적 분석의 양적 분석에 대해서 회의적이었다. 하지만 PER과 PBR을 맹목적으로 따르면 안 된다는 말이지 참고 자료 자체로도 쓸모없다는 소리는 아니다. PER과 PBR은 일반적으로 기업을 비교분석할 때 가장 유용한 지표가 된다. 단지 그것이 절대적이라 믿으면 함정에 빠지게 되므로 이를 경계하라는 의미로 이해하길 바란다.

각각의 산업과 기업에 얼마의 PER이 적절할까? 예를 들어 알아보자.

현재 PER이 20인 기업에 투자하면 20년 만에 원금을 회수한다고 볼 수 있다. 연 4%의 복리를 주는 적금이 있다면 18년 만에 원금이 두 배가 되므로 이 정도라고 생각하면 된다. 다시 말해 PER이 20인 기업에 투자하여 얻을 수 있는 수익은 적금에만 넣어도 얻을 수 있는 수준이다.

때문에 적금 수익률밖에 되지 않는 수익을 얻으려고 기업에 투자하는 위험을 감수하려면 그만한 이유가 있어야 한다. PER 20이면 무조건 과대평가되었다고 말하려는 게 아니다. 다만 근거가 보다 분명해야 한다는 점을 강조하는 것이다.

기업의 예를 들어보자. NHN의 인터넷 포털사이트인 네이버는 적정 PER이 어느 정도일까? 신산업의 자연 독점적 기업인 네이버는 앞으로의 수익성을 정확히 예측할 수 없다. 분석하는 사람에 따라 미래의 수익성을 얼마든지 긍정적이거나 부정적으로 생각할 수 있다.

또 게임산업의 엔씨소프트를 생각해보자. 이 기업의 적정 PER

은 어느 수준이라고 봐야 합당할까? 엔씨소프트는 컴퓨터 게임 분야에서 시장 독점력을 가지고 있지만 역시나 분석하는 사람에 따라 얼마든지 미래의 수익성을 달리 볼 수 있다.

이처럼 수익성을 어떻게 전망하느냐에 따라 변할 수 있는 것이 PER이다. 특히 새로운 산업을 영위하는 기업은 적절한 PER을 매기기가 어렵다. 새로운 산업이기 때문에 기존의 산업과는 미래를 추정하는 방식이 달라야 하기 때문이다.

POSCO의 철 생산량과 판매량은 과거의 통계를 이용해 어느 정도 예측할 수 있다. 코카콜라의 매출액과 신세계의 매출 또한 어느 정도 예측할 수 있지만, 기존의 산업과 완전히 다른 새로운 산업인 인터넷 포털사이트와 컴퓨터 게임 등의 산업은 어떻게 예측해야 하는가?

어떤 애널리스트는 NHN을 분석할 때 국내 시장은 이미 포화상태이므로 더는 성장여력이 없다며 부정적인 의견을 말할 수 있고, 또 다른 애널리스트는 국내 시장을 뛰어넘어 중국과 일본에 진출한 데 초점을 맞추어 더 큰 수입원 창출이 예상된다고 긍정적으로 말할 수 있다. 엔씨소프트의 게임산업도 마찬가지다.

PER이라는 것은 과거와 현재도 중요하지만 미래의 요소 또한 매우 중요하게 본다. 미래에 수익이 높아지면 PER은 자연적으로 낮아진다. 이와 같은 원리를 알고 나면 시장이 대세 상승기에 들어섰을 때 주가가 폭등하면서 PER이 상상 이상으로 높아져도 이성적으로 이해할 수 있다. 이때의 주가 폭등은 분위기에 휩쓸린 것이 아니라 실제로 미래의 잠재적 수익치를 높게 보기 때문에 가능하다고 판단할 수 있다.

주식의 가격은 획일적으로 매겨질 수가 없다. 각각의 기업은 산업분야도 다르고, 분야가 같다 해도 같은 상품을 생산하지 않기 때문이다. 어떤 산업은 미래를 전망하는 일이 가능한가 하면, 어떤 산업은 전망을 한다는 자체가 뜬구름 잡기가 되거나 전망을 하는 사람 또는 기관의 희망사항의 나열이 될 수도 있다.

다음 기업들의 산업구성을 살펴보고 앞으로의 매출과 영업이익을 예측해보자.

- POSCO
- 삼성화재
- 신세계
- 엔씨소프트
- NHN
- 하나투어

이 기업들에 'PER이 10 이하일 때 매수, PER이 20일 때 매도로 한다'는 기준을 획일적으로 적용할 수 있을까? 만약 그럴 수 없다면 그 이유는 무엇인가?

PER에 대해 이야기하려면 필히 미래의 매출과 영업이익 추정치라는 데이터를 참고해야 한다. 앞의 여섯 개 기업 중에서 POSCO와 삼성화재 그리고 신세계와 같은 기존의 산업에 속한 기업은 미래의 매출과 영업이익을 추정할 수 있다. 때문에 현재 상태가 고평가인지 저평가인지를 어느 정도 가늠할 수 있다.

하지만 새로운 산업군의 기업인 NHN이나 엔씨소프트는 어떤 기준으로 미래의 매출과 영업이익을 추정해야 할지가 명확하지 않다. 또한 하나투어는 경기변동에 따라 회사의 영업이익이 크게 달라지며 환율의 영향도 크다. 이런 기업의 PER은 어느 정도가 적정선인가?

우리는 이 기업들에 적용할 만한 기준을 만들 수 있는가? 그리고 그 기준은 언제까지나 고정되어 있는 것인가?

많은 이들이 투자할 때 PER을 참고한다. 하지만 미래의 잠재적 매출과 영업이익을 예측할 수 있는가를 판단하고 산업에 맞게 합리적으로 PER을 비교해야 한다. 그러므로 미래의 잠재적 매출과 영업이익을 예측할 수 없다면 PER은 거의 무용지물이 된다.

PBR에 대해서도 생각해보자. PBR은 회사의 주가가 순자산에 비해 몇 배로 평가되고 있는지 알 수 있는 개념이다.

> 1. 순자산이 500억인 회사가 시가총액이 1천억이라면: PBR=2
> 2. 순자산이 500억인 회사가 시가총액이 500억이라면: PBR=1
> 3. 순자산이 500억인 회사가 시가총액이 250억이라면: PBR=0.5

1번은 회사의 순자산에 비해 주가가 비싸게 거래되고 있으며, 2번은 순자산 수준에서 거래되고 있음을 보여준다. 3번은 이 PBR 수치만으로 볼 때는 주가가 현저히 싸게 거래되고 있다고 볼 수 있다.

3번의 경우는 이론상으로 볼 때 주식을 현재 가격으로 전량 매수할 수 있다면 250억 원으로 500억 원짜리 회사를 통째로 살 수 있다는 말이다. 하지만 어디까지나 이론적일 뿐이다. 일단 지분을 취득하기 시작하면 주가는 올라간다. 그리고 500억 원짜리 회사를 250억 원에 가로채도록 대주주가 가만히 있을 리도 없다.

또한 재무제표에 기입된 이론상의 부채가 아닌 실제 부채를 계산해야 한다. PBR은 자산이 아니라 순자산으로 계산하기 때문에 정확한 부채를 알고 있어야 청산가치를 추정할 수 있다. 하지만 우리는 단순히 PBR 수치만 보고 시가총액이 기업의 순자산에 비해 이 정도이니 주가가 고평가라거나 저평가라는 정도만 추측할 뿐이다.

정확한 청산가치를 계산하려면 고난도의 회계 과정이 필요하다. 개미들이 주식을 매수할 때 청산가치까지 계산하여 '회사가 망하면 나의 보통주로 얼마 정도는 보상받을 수 있겠구나!'라고 생각한다는 것은 상식적으로 말이 되지 않는다. PBR은 이와 같은 한계는 있지만 간편한 수치로서 참고자료로 유용하다. 기업의 순자산과 시가총액을 비교하여 시장에서 어떻게 평가받는지 알 수 있게 해준다.

다시 한 번 강조하지만 모든 기업에 일률적인 기준을 갖다 댈 수 없다는 점을 기억하기 바란다. 'PER 얼마에 PBR 얼마면 매수구간 또는 매도구간'이라고 정할 수 있다면 얼마나 좋겠는가. 하지만 그럴 수 없기 때문에 이러한 수치는 참고자료로 이용해야 한다. PER이 15라면 '기업의 순이익과 비교할 때 15배 정도로 주가가 형성되어 있구나!', PBR이 2이면 '기업의 순자산에 비해 2배 정도로 주가가 형성되어 있구나'라는 정보를 얻으면 된다. 그리고 그 가격이 싼지 비싼지는 스스로 판단해야 한다.

04.. 효율적인 포트폴리오 구성

포트폴리오 이론을 일일이 설명하지 않더라도 주식을 성격에 따라 배분해야 한다는 것을 알고 있을 것이다. 앞서 분류했던 네 가지 종목군을 기준으로 어떻게 배분해야 합리적인지 알아보자.

표 3의 네 가지 모델은 임의로 구성한 것이다. 포트폴리오 구성

표 3 | 포트폴리오 구성 예

종목군 모델	인플레이션주	유틸리티주	경기순환주	경영자주
모델 1	85%	5%	5%	5%
모델 2	70%	10%	10%	10%
모델 3	60%	10%	20%	10%
모델 4	50%	20%	20%	10%

은 그야말로 개인마다 달라질 수 있기 때문에 정답을 제시할 수 있는 성격의 것이 아니다. 스스로 결정해서 배분하기 바란다. 다만 몇 가지 팁을 추가하자면 다음과 같다.

우선 인플레이션주를 중심으로 하면서 비중이 적어도 50% 이상이 되도록 하는 것이 좋겠다. 나머지 비율은 자신의 성향이 보수적인지 공격적인지를 파악하여 그에 알맞게 배분한다. 채권과 성격이 비슷한 유틸리티주(경기방어주), 경기순환주 그리고 경영자밖에 볼 게 없는 주식(경영자주)에 적절하게 배분한다. 제일 편하게 투자하는 방법은 '모델 1'이다. 하지만 인플레이션주의 비중이 높을수록 경기변동에 따라 초조해하거나 다급해질 수 있기 때문에 다른 종목군도 편입하는 것이 안정적이다.

1. 인플레이션주 → 풍요의 시대에 함께 풍요를 누리기 위한 투자
2. 유틸리티주(경기방어주) → 심리적 안정을 갖기 위한 투자
3. 경기순환주 → 경기확장 구간에 투기를 막기 위한 투자
4. 경영자주 → 대박의 환상과 신기술의 희망에 대한 투자

이제 포트폴리오 구성까지 했으니 진중히 투자할 일만 남았다. 투자 과정에서 반드시 지켜야 할 여섯 가지 투자 원칙을 다시 한 번 짚고 넘어가도록 하자.

1. 애덤 스미스의 '보이지 않는 손'으로 움직이는 경제 원리를 파악한다. 주식시장에 참여하는 모든 기관과 세력, 심지어 국가 그리고 개인들은 수익만을 위해 싸우고 있다. 주식시장은 전쟁터와 다름없는 공간임을 명심해야 한다.

2. 시장을 초과해서 지속적으로 수익을 낼 수 있는 방법이나 기술은 애초에 존재하지 않으므로 시장을 이기길 포기해야 한다. 단, 시장을 이길 수는 없지만 시장을 이용해서 부자가 되는 방법을 선택할 수는 있다. 최선의 선택이 바로 인플레이션을 이용한 투자다.

3. 기업의 질적, 양적 요소를 분석해서 인플레이션을 이용할 수 있는지 판단한다. 인플레이션주에 대한 정의를 살펴보고, 추상적이라 생각되면 워런 버핏이 보유하고 있는 기업들과 비교해본다(코카콜라, 질레트, 나이키 등).

4. PER과 PBR을 이용해 과거와 현재의 가격 그리고 미래 가격의 적정성을 따져본다. 현재의 주가가 과거의 이익과 순자산과 비교해 얼마의 평가를 받으며, 앞으로는 어떻게 평가받을 것인지 생각한다.

5. 인플레이션주를 중심으로 삼고 자신의 투자성향에 따라 유틸리티주, 경기순환주, 경영자주를 배분하여 포트폴리오를 구성한다.

6. 매수와 매도는 언제 하는가? 인플레이션주는 평생 투자한다

고 생각하고 매수해야 한다(지금 체제에서 화폐가치는 지속적으로 하락한다. 즉, 인플레이션은 필연적이다). 유틸리티주(경기방어주) 또한 매도시점을 정할 필요가 없다. 경기순환주는 적절히 섞어주면서 시장의 심리와 반대로 매매한다. 경영자주는 경영자의 꿈과 희망에 투자한다고 생각하고 매매한다.

05.. 사례로 배우는 실전 투자

지금까지 개념적으로 이해해온 내용을 실전에 어떻게 적용할 것인지에 대해 살펴보자. 앞서 논의한 바대로 성공하는 주식투자는 전체적인 큰 흐름 안에서 판단하고 결정해야 한다는 전제조건이 필요하다. 지금까지의 논의를 충분히 숙지했음을 바탕으로 이제는 구체적인 종목 선정 사례를 보기로 하자.

앞에서 '실전 투자를 위한 업종 분류'를 통해 시장의 모든 기업을 네 가지 종목군으로 나눌 수 있다고 이야기했다. 그중 4번은 제외하고, 1부터 3번까지 어떤 기업이 해당하는지를 보기로 하자.

1. 인플레이션을 이용할 수 있는 기업

인플레이션주에 투자하는 것은 풍요의 시대에 함께 풍요를 누릴 수 있는 방법이다. 여기서는 삼성화재, 신세계, LG생활건강, 오리온, 에스원 등 여러 분야에서 기업들을 선정해보았다. 이 기업들에 투자하기 전에 살펴봐야 할 기준으로는 다음과 같은 점들이 있다.

1. 지속적으로 인류에게 필요한 산업인가?
2. 갑자기 정부의 입김이 작용할 여지가 있는가?
3. 현재 시장점유율 상황은 언제까지 계속될 것인가?
4. 질적 성장 측면에서도 계속해서 경쟁우위를 차지할 수 있는가?

◆ 사례1: 삼성화재

그림 7 | 삼성화재(월간차트)

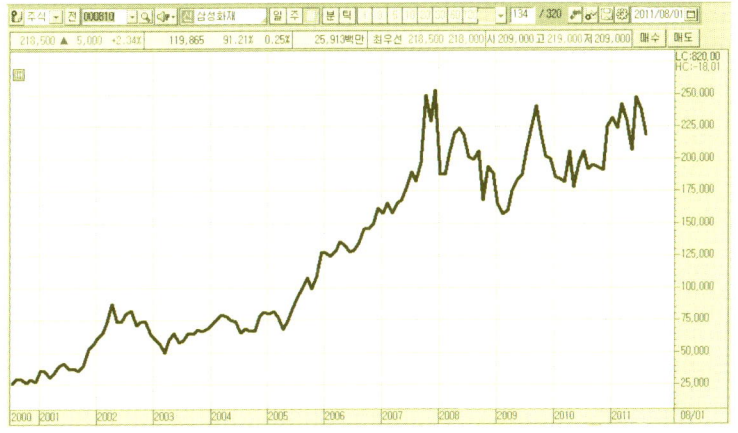

삼성화재는 우리나라 시가총액 30위 안에 드는 대형 회사다. 그리고 누구나 쉽게 알 수 있는 보험업을 영위한다. 우리는 살아가면서 보험을 들 수밖에 없다. 제일 간단한 예를 들면 자동차 보험이 있다. 가짓수 또는 금액이 많든 적든 누구나 이용해야 하는 보험, 그 업종에서 어떤 회사가 가장 높은 점유율을 기록하고 있는지에 대해 고민해보면 답이 나올 것이다. 2011년 현재 명실공히 대한민국 보험시장 점유율 1위 회사는 삼성화재이며, 2위인 현대해상을 상당한 격차로 따돌리고 있다.

차트를 제시한 이유는 삼성화재의 주가가 과거 10년 동안 거의 1,000%의 상승을 해왔다는 사실을 보여주기 위해서다. 10년에 1,000%라면 도대체 어느 정도의 수익률인가?

투자에 나서기 전에 앞서 제시한 네 가지 기준으로 삼성화재를 점검해보자. 우선 보험이란 인류가 존재하는 한 더욱 확대되면 확대되었지 사라지지 않을 산업임이 분명하다. 그리고 정부 산하기관이 아닌 이상 특정 기업에 정부의 입김이 작용할 여지는 크지 않다. 정책적인 변동이 생긴다면 그 영향은 산업 전반에 영향을 미칠 것이므로 삼성화재라는 기업에 특별히 불리하거나 유리할 수는 없을 것이다.

시장점유율에 대한 전망은 독자가 접하는 현재 시점의 정보로 정리를 해보기 바란다. 점유율의 근소한 등락은 있을 테지만 순위가 뒤바뀔 정도의 급변은 어렵다고 볼 수 있다.

결론적으로 삼성화재는 앞으로도 별다른 기복 없이 꾸준히 성장해갈 것으로 전망할 수 있다. 보험업은 경기를 타는 업종이 아니기 때문이다.

◆사례 2: 신세계

그림 8 | 신세계(월간차트)

신세계는 우리나라 내수 할인마트의 대표격인 이마트와 신세계백화점을 거느린 회사다. 신세계의 이마트는 세계적인 유통업체 월마트마저도 우리나라에서 쫓아낼(?) 정도로 강한 사업구조를 갖고 있다.

신세계 역시 과거 10년 동안 1,000%라는 경이적인 주가 상승률을 보였음을 차트로 확인할 수 있다. 독보적인 사업구조 등에 의해 앞으로도 순탄하게 성장해갈 것으로 전망되고 있다.

하지만 우리 투자자는 늘 비판적이어야 한다. 과연 신세계가 인플레이션을 이용하는 주식이 될 수 있는지에 대해서는 앞의 네 가지 기준으로 판단해보자.

◆ 사례 3: LG생활건강

그림 9 | LG생활건강(월간차트)

LG생활건강은 쉬운 회사다. LG그룹의 계열사로 치약, 비누, 샴푸, 세제 등 생활용품과 화장품 사업을 영위한다. 샤프란, 엘라스틴, 페리오 등 생활용품 브랜드와 오휘, 후, 수려한, 이자녹스 등 화장품 브랜드로 우리에게 매우 친숙한 기업이기도 하다. 매출구성을 보면 생활용품 60%, 화장품 40%다.

그림 9에서 확인할 수 있듯이 LG생활건강 역시 지난 10년간 1,000%의 주가 상승률을 보였다. 그렇다면 투자대상으로서 앞으로는 어떠할까?

매출구성에서 살펴본 것처럼 LG생활건강은 필수소비재를 제조, 판매하는 기업으로 경기의 영향을 받지 않는다. 인플레이션 시기에도 그에 맞추어 계속해서 가격을 올릴 수 있다.

그렇지만 시장에서 절대적인 경쟁우위를 갖는 기업이란 있을 수 없다. 살아남기 위해 지속적으로 질적 성장을 이뤄야 하고 마케팅 전쟁을 치러야 한다. 사회는 늘상 변화하고 기술도 변화, 발전하며 시대마다 기술 표준과 사람들의 가치관 또한 바뀌기 때문에 이에 발맞춰야 한다. LG생활건강이 지금까지 해온 것처럼 앞으로도 그와 같은 대처를 잘 해나갈 것인지, 그럼으로써 물건을 잘 팔 수 있고 가격결정력을 가질 수 있겠는지를 차분히 살펴보기 바란다.

◆사례 4: 오리온

그림 10 | 오리온(월간차트)

오리온은 LG생활건강보다 더 쉬운 회사다. 표 4에서 볼 수 있듯이 매출이 전부 과자류로만 구성된 과자 회사다. 이 회사의 초코파이라는 제품은 1974년에 처음 생산돼 40년 가까운 세월이 흐른 지

표 4 | 오리온의 주요 매출구성(2010.12)

비스킷(고소미, 초코칩, 다이제 등)	25.3%
스낵(포카칩, 오감자 등)	29.1%
파이(초코파이, 케익 오뜨 등)	17.3%
기타(초코송이, 자일리톨, 통아몬드 등)	18.9%
기타(웨하스, 카라멜, 미쯔 등)	9.4%

금까지도 인기를 끌고 있다.

오리온은 2001년 4월 16,000원대에서 10년이 지난 2011년 8월 50만 원대까지 상승했다. 같은 기간 코스피가 500에서 2200까지 오른 것보다 몇 배나 높은 상승률이다. 과자값을 보면 물가가 얼마나 올랐는지를 피부로 느낄 수 있는데, 이는 다시 말해 과자는 인플레이션에 부정적 영향을 받는 제품이 아니라는 얘기이기도 하다.

지금부터 앞으로 10년 동안 적금을 드는 것이 안전할까, 과자(회사의 주식)를 사모으는 것이 안전할까에 대해 힌트를 얻을 수 있을 것이다.

◆사례 5: 에스원

그림 11 | 에스원(월간차트)

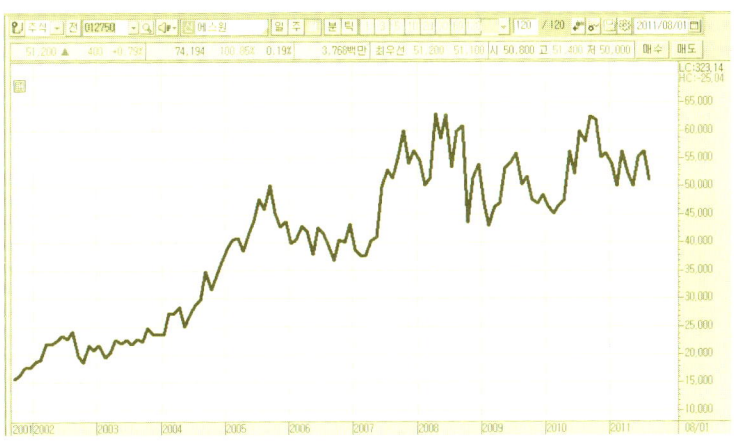

에스원은 우리나라 보안 업계에서 선두적인 기업으로 보안서비스 시장의 독보적인 존재라 할 수 있다. 그림 11에서 확인할 수 있는 것처럼 주가 역시 꾸준히 상승해왔다. 이회사의 매출구성은 표 5와 같다.

표 5 | 에스원의 주요 매출구성(2010.12)

시스템	71.00%
통합보안	11.00%
보안관련 상품 판매	12.00%
공사매출(공사)	3.00%
스마트카드 외	3.00%

그런데 앞으로도 상승세를 구가할 수 있을까?

우선 보안서비스 시장 자체의 전망을 살펴보자면, 일반 개인은 물론이고 기업에서도 더 많은 수요가 발생할 것이다. 그와 함께 시장 전체의 파이가 커지면 선두업체로서 에스원은 꾸준히 성장해 갈 수 있을 것이다. 이 기업이 지속적으로 경쟁우위를 점할 수 있는지 여부는 강력한 경쟁자가 등장하는가가 관건이 될 것이다. 동종업계의 기업들을 조사하여 판단할 필요가 있다.

2. 유틸리티 기업

유틸리티 기업은 공공재 성격이 강해 경기방어주 역할을 한다는 사실을 알고 있을 것이다. 이와 같은 성격상 해당 종목에 투자해 큰 수익을 내기는 힘들지만 크게 손실을 볼 염려도 적다. 경기가 급변하는 시기에 심리적인 안정을 얻기 위해 편입하는 종목이다. 여기서는 대표적으로 한국전력과 SK텔레콤을 예로 들었다.

◆사례 1: 한국전력

그림 12 | 한국전력(월간차트)

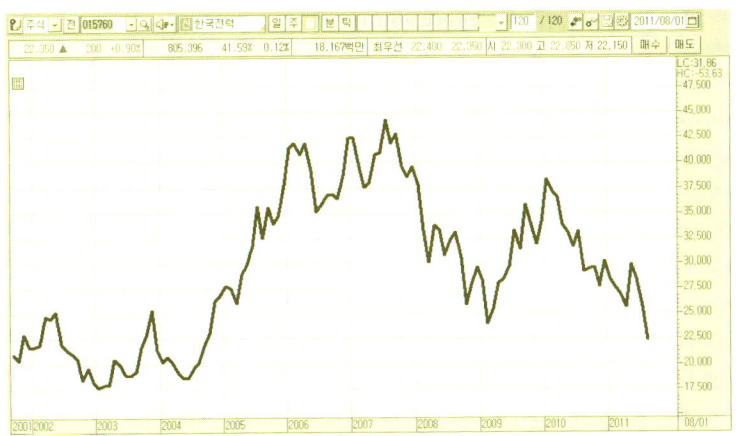

그림 12를 보면 한국전력 주가는 과거 10년 동안 2만 원에서 4만 원대의 박스권에 있음을 알 수 있다. 한국전력은 전기를 독점으로

공급하는 회사이기 때문에 인플레이션을 가장 효과적으로 이용할 수 있을 것 같지만, 앞에서 언급했듯이 전기는 공공재 성격이 강하다. 그러므로 과도한 수익을 낼 수 없는 구조로 되어 있다.

한국전력 주식을 보유하고 있다고 해서 이 회사의 영업이익이 급등하기를 바랄 수 있을까? 그러려면 전기요금이 많이 올라야 하는데 전기요금의 변동은 소비자물가에 엄청난 영향을 미치기 때문에 정부에서 허용하질 않는다. 적정한 영업이익과 적정한 주가 등락, 이것이 유틸리티 기업의 특징이다.

◆ 사례 2: SK텔레콤

그림 13 | **SK텔레콤(월간차트)**

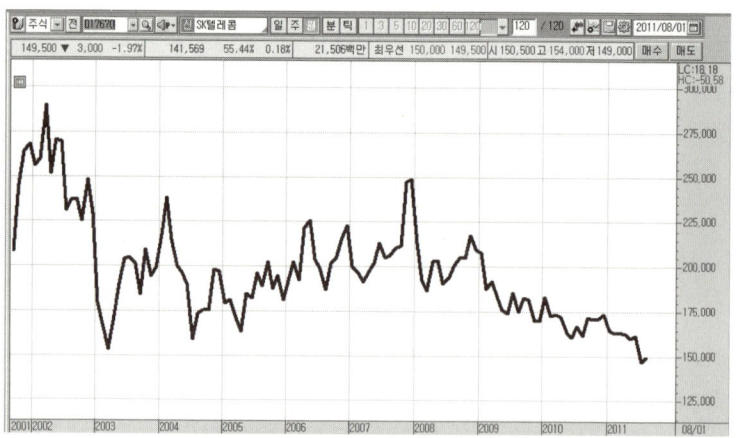

SK텔레콤을 비롯하여 통신회사들은 대개 차트 모양이 비슷하

다. IT붐이 일던 1999년 당시 버블로 인해 급등했던 때를 제외하면 주가가 크게 움직이지 않는다.

이동통신회사의 주가가 급등하려면 회사가 최고의 영업이익을 내야 한다. 그러기 위해서는 우리의 휴대폰 요금이나 인터넷 요금도 훨씬 비싸져야 한다. 그렇지만 전기와 마찬가지로 통신비도 물가에 지대한 영향을 미치기 때문에 급격히 오르거나 내려갈 수가 없다.

앞서 살펴본 인플레이션을 이용할 수 있는 기업에 비해 과거 10년 동안 주가 상승률이 현저히 낮은 것은 바로 이와 같은 이유 때문이다.

3. 경기순환형 기업

경기가 변동하는 데 따라 주가가 민감하게 반응하는 그룹이 경기순환형에 속한다. 우리 생활에 필수적인 제품은 아니기 때문에 경기가 좋아지면 수요가 늘어나지만 경기가 수축되면 가장 먼저 소비를 줄이는 분야다. 이 그룹을 포트폴리오에 편입하는 이유는 상대적 박탈감을 느끼지 않기 위한 방어책 정도라고 볼 수 있다.

◆사례 1: 대림산업

그림 14 | 대림산업(월간차트)

대림산업은 우리나라 5위의 시공능력을 자랑하는 건설사다. 대형회사이면서도 주가 등락폭이 얼마나 극심한지 그림 14를 보면 알 수 있다. 이것은 경기순환형 기업의 특징이기도 하다.

건설 경기는 인플레이션을 효과적으로 이용할 수 없다. 꾸준히 수요가 발생하는 소비재 산업이 아니기 때문이다. 멀쩡한 건물을 부셔서 다시 지을 순 없다. 코카콜라는 계속 소비해야 하고 오리온의 과자도 계속 사먹고 LG생활건강의 생활용품도 계속해서 사용하지만 건설경기는 유행과 때가 있다. 그 유행을 맞이하면 주가는 천정부지로 오르지만 유행이 지나가면 급락한다.

대림산업은 최고점 20만 원을 찍은 뒤 2만 원대까지 추락했다.

다시 20만 원까지 올라갈 시점은 언제일까?

경기순환주의 무서운 점은 투자자들이 활황기에는 장밋빛 미래만 생각하고 경기가 바닥일 때는 극도로 비관적이 된다는 것이다. 거기에 휩쓸려 매매를 하다 보면 투기와 투매를 반복하게 될 뿐이므로 보수적으로 대응해야 한다.

◆ 사례 2: 두산중공업

그림 15 | 두산중공업(월간차트)

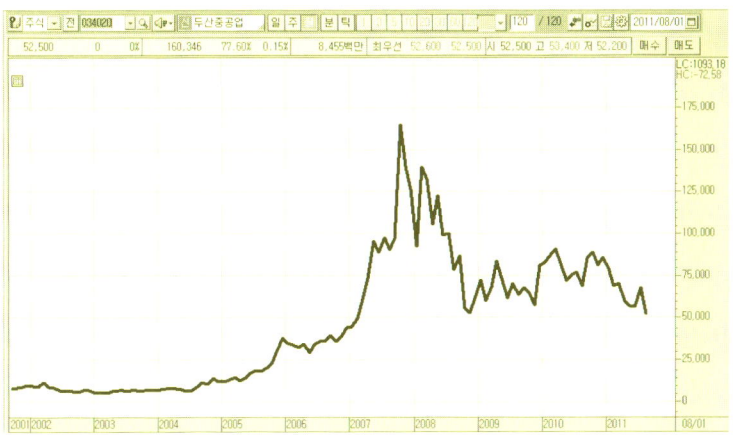

두산중공업 또한 경기순환주에 속한다. 주가를 보면 2007년 강세장에서는 거침없이 상승했지만 이후 더 빠른 속도로 하락했다. 큰 사업을 중심으로 하는 탓에 경기의 확장국면과 바닥국면에서 앞으로의 기대치에 의해 주가가 심하게 출렁거린다.

표 5 | 두산중공업의 주요 매출구성(2010.12)

NSSS, BOP, CLP, CPTS, TURBINE, ROTOR, BOILER, HRSG	64.6%
아파트건설, 도로공사, PLANT설비 설치공사 등	15.4%
주조, 단조, 금형공구강 등	9.9%
담수설비	6.8%
하역설비, 화공설비, 방산 등	3.3%

표 5의 매출구성으로 알 수 있듯이 큰돈을 벌어들이기 위한 사업을 많이 하고 있는 기업이다. 하지만 큰돈을 벌어들이기 위해서는 큰 계약을 맺어야 한다. 경기 확장국면에서는 큰 계약이 많이 이루어지지만 바닥국면에서는 계약이 잘 되지 않으며 심지어 기존 계약이 파기되기도 한다. 그 때문에 바닥에서는 회사의 미래 기대치가 극도로 비관적이 된다.